A BETTER WAY TO PRAY

by
Andrew Wommack

A BETTER WAY TO PRAY
ISBN: 978-1577948346
ⓒ 2007 by Andrew Wommack Ministries – Europe
P.O.Box 4392, Walsall, WS1 9AR, England

Korean, Korea Edition Copyright
ⓒ 2015 by Word of Faith Co.
All rights reserved.

더 좋은 기도 방법 한 가지

발행일 2015. 4. 18 1판 1쇄 발행
    2024. 8. 20 1판 3쇄 발행

지은이 앤드류 워맥
옮긴이 반재경
발행인 최순애
발행처 믿음의 말씀사
2000. 8. 14 등록 제 68호
우) 16934 경기도 용인시 기흥구 신정로 301번길 59
Tel. 031) 8005-5483 Fax. 031) 8005-5485
http://faithbook.kr

ISBN 89-94901-60-4 03230
값 14,000원

본 저작물의 저작권은 '믿음의 말씀사' 가 소유합니다.
저작권법에 의해 보호를 받는 저작물이므로 무단 전재와 복제를 금합니다.

더 좋은 기도 방법
한 가지

당신의 기도가 역사하지 않는다면,
방법을 바꿔야 하지 않겠습니까?

앤드류 워맥 지음 | 반재경 옮김

믿음의말씀사

목차

서문 _ 7

제1장 외식하는 자들은 기도하기를 좋아한다 _ 11
제2장 하루에 몇 시간 기도하십니까? _ 25
제3장 심각한 오해들 _ 39
제4장 우리 아버지… _ 49
제5장 기도 샌드위치 _ 61
제6장 하나님께 애걸하기 _ 73
제7장 "회개하시오, 하나님, 회개하시오!" _ 81
제8장 예수님: 유일한 중보자 _ 89
제9장 마귀의 책략 _ 97
제10장 골방에서 나오라! _ 107
제11장 지옥 길을 막는 장애물 _ 119

제12장 기도의 첫째 목적 _ 127

제13장 친밀함: 구원의 핵심 _ 141

제14장 아빠, 아빠는 좋은 아빠예요! _ 155

제15장 무화과나무에게 말하라! _ 169

제16장 당신의 산에게 직접 말하라 _ 183

제17장 다시 그를 쏘아라! _ 195

제18장 구하고 받으라 _ 209

제19장 변수 _ 215

제20장 방해물을 제거하라 _ 231

제21장 당신은 하나님으로부터 응답을 받을 수 있다! _ 243

결론 _ 250

예수님을 구주로 영접하는 기도 / 성령세례를 받는 기도 _ 252

서문

당신의 기도에 변화를 원하십니까? 더 정확하게 기도하는 방법을 배워서 더 빨리 하나님의 응답을 받기 원하십니까? 그렇다면, 이 책이 해답을 줄 것입니다!

제자들이 예수님께 기도하는 방법을 물었을 때 우리 주님은 그 당시 기도에 관한 잘못된 생각과 통념들을 깨뜨리셨습니다. 사실, 바른 기도 방법을 알려주시기 전에 주님은 상당한 시간을 들여 잘못된 개념들을 지적하고 기도가 아닌 것이 무엇인지 먼저 설명해 주셨습니다. 당시 종교적 시스템이 너무나 기만적이고 거짓됐었기 때문에 기도가 무엇인지 효과적으로 가르치기 전에 주님은 기도에 대한 그들의 통념을 먼저 바로잡으셔야 했습니다.

이 책에서 제가 말하고자 하는 것은 이것이 '유일한 기도 방법'이라거나 '이렇게 기도하지 않으면 아무런 결과도 얻지 못한다.'는 것이 아닙니다. 다만 '더 좋은 기도 방법 한 가지A Better Way To Pray'를 나누고자 합니다. 제가 나눌 내용 중 어떤 것은 당신의 신경을 건드리게 될지도 모르지만, 설령 제가 당신의 감정을 상하게 한다 해도 그 상한 감정을 주님께서 치유해 주시리라 확신합니다!

이 책에서 제가 반박하는 모든 실수는 저도 다 저질러 본 것들입니다. 그래도 하나님은 변함없이 저를 사랑하셨고 저도 하나님을 계속 사랑했습니다. 제가 그런 실수들을 했음에도 불구하고 주님과 저의 관계는 좋았습니다. 하지만 저의 기도는 그 어느 때보다 지금 더 효과적인 응답을 받고 있습니다. 이제 더 이상 15년 전, 20년 전, 30년 전에 하던 식으로 기도하지 않습니다. 그동안 저도 많이 성숙해졌기 때문이지요!

오늘날 그리스도의 몸 된 교회는 전반적으로 '아마도 이럴 것이야' 하는 가정 하에 완전히 잘못된 태도로 기도를 하고 있습니다. 그러면서 왜 바라는 결과를 얻지 못하는지 이상하게 여깁니다. 하나님께서는 이것을 바로잡기 원하십니다!

이 책에서 저는 기도에 대한 통상적인 많은 생각들을 논박하게 될 것입니다. 당신이 소중하게 간직해 온 몇 가지 전통적인 생각들도 건드리게 되겠지요. 그러나 이런 질문을 던지고 싶습니다. 지금의 기도 방법으로 좋은 결과를 얻지 못하고 있다면 왜 방법을 바꿔 보기를 꺼려하십니까?

제가 완벽한 본보기라는 말씀은 아닙니다. 저 역시 아직 목적지에 도달하지는 못했지만 제자리걸음만 하지는 않고 경주를 시작해서 출발은 했습니다. 저는 또한 초자연적인 기도 응답을 받고 있습니다. 제 아들이 죽은 지 5시간 만에 다시 살아나는 것도 목도했습니다. 저보다 더 좋은 결과들을 얻지 못하고 있다면 적어도 제 얘기를 한 번쯤은 고려해보셔야 하지 않을까요?

수년간 저는 성경에서 '기도'를 언급한 모든 구절을 찾아 철저히 묵상해 왔습니다. 그동안 주님께서 그분의 말씀을 통해 저에게 알려주신 것들이 당신에게 큰 축복이 되리라 믿습니다. 설령 전에 배웠던 것과 다르다 할지라도 더 좋은 기도 방법 '한 가지'는 반드시 발견하게 되실 거라 확신합니다!

제 1 장
외식하는 자들은 기도하기를 좋아한다

오늘날 그리스도인의 신앙생활에서 가장 오용되고 있는 것이 바로 기도입니다. 기도에 대한 잘못된 이해는 그 어떤 것보다도 사람들을 영적 혼란에 빠뜨립니다.

예수님은 바른 기도와 잘못된 기도가 있다고 가르치셨습니다.

> 또 너희는 기도할 때에 외식하는 자와 같이 하지 말라 그들은 … 기도하기를 좋아하느니라   마태복음 6:5

대부분의 믿는 자들은 외식하는 자들과 기도를 연관 지어 생각하지 않습니다. '기도한다는데 뭐가 문제야?' 많은 문제가 있지요. 외식하는 자들도 기도하기를 좋아하니까요!

"우리 아버지시여…"로 시작해서 "예수님의 이름으로 기도합니다. 아멘"으로 끝을 맺는다고 해서 다 기도는 아닙니다. 오늘날 엄청난 양의 소위 "기도"라고 불리는 것들이 하나님의 마음을 상하게 하는 반면, 마귀에게는 문을 열어 주고 있습니다. 기도에도 올바른 방법이 있고 잘못된 방법이 있습니다!

하나님이 보내신 사탄?

1969년에 저는 사탄이 "하나님의 사환God's messenger boy"이라는 잘못된 설교를 들었습니다. 마귀는 주님이 허락하시는 일만 할 수 있기 때문에 결국 하나님이 그를 사용하여 우리 삶에 선한 일을 하신다는 내용이었습니다. 그것은 완전히 잘못된 말인데 그때는 그것을 몰랐습니다. 저는 그 설교 테이프를 당시 저의 여자 친구에게 전했고 그녀는 완전히 그것에 빠져 버렸습니다.

제가 건네준 설교 테이프에는 한 소년의 이야기가 나옵니다. 그는 반 친구들에게 전도하길 원했지만 부끄러움이 너무 많았습니다. 그래서 하나님께 기도하기를 그에게 불치병을 주셔서 죽을 때 그리스도에 대한 자신의 신앙을 사람들에게 보여줄 수 있게 해달라고 구했습니다. 그 다음 날 그는 바로 백혈병에 걸렸습니다. 그리고 그의 장례식에서 네 명이 예수님을 영접하고 거듭났습니다.

이 소년의 믿음이 어느 정도는 하나님께 영광을 돌렸다고도 할 수 있겠지만 그것은 올바른 기도가 아닙니다. 그 설교를 들은 저의 여자 친구도 그와 똑같은 기도를 했는데 다음날 아침에 바로 백혈병 진단을 받았습니다. 그녀의 장례식에서도 네 명이 거듭났습니다. 그렇지만 그들에게 백혈병을 주어 그 기도에 응답한 것은 하나님이 아닙니다. 잘못된 기도를 이용하여 두 젊은이를 때가 되기도 전에 죽인 것은 바로 사탄입니다. 잘못된 기도가 잘못된 결과를 얻은 것이지요!

잘못된 기도

예수님은 기도가 무엇인지를 가르치기 전에 먼저 기도가 아닌 것을 밝히셔야 했습니다(마 6:5-13). 기도에 관한 그 당시의 종교적 개념들을 먼저 반박하지 않았다면 사람들은 예수님께서 기도에 관해 가르치시는 내용을 결코 파악할 수 없었을 것입니다. 하지만 상태가 더 나쁘면 나빠졌지 기도에 관한 잘못된 종교적 개념은 오늘날도 매한가지입니다. 예수님께서 직면하신 바리새인들처럼 기도는 의미 없는 종교적 행위가 되어 버렸습니다. 사람들은 하나님을 조종하고 자극해서 자신들이 원하는 것을 하시도록 만들었다는 생각을 하며 자신을 달래기 위해 기도를 이용합니다. 동기가 잘못된 것입니다!
하나님의 관심은 당신의 말이 아니라 기도 이면에 있는 마음의 태도에 있습니다. 소위 "기도"를 한답시고 한 시간 이상 시간을 보냈다고 해서 뭔가를 이루었다는 뜻은 아닙니다. 태도가 잘못되었으면 기도도 잘못하고 있는 것입니다!

또 너희는 기도할 때에 외식하는 자와 같이 하지 말라 그들은 사람에게 보이려고 회당과 큰 거리 어귀에 서서 기도하기를 좋아하느니라 내가 진실로 너희에게 이르노니 그들은 자기 상을 이미 받았느니라   마태복음 6:5

사람들은 말합니다. "이 얼마나 거룩합니까! 이들이 천국 문을 침노하는 소리를 들어보셨나요?" 하지만 이런 기도에 주어지는 유일한 상이 있다면 그들을 우쭐대게 만들어 주는 인간의 칭찬뿐입니다. 하나님으로부터는 아무런 응답도 받지 못할 것입니다!

강력한 영적 은사를 발휘하고 엄청난 개인적 희생을 치르고도 하나님께는 아무 의미 없는 일이 될 수도 있다는 사실을 알고 있습니까? 그렇습니다! 동기가 바르지 않다면 무슨 일을 하든 소용없습니다. 방언으로 기도하고 예언을 하고 믿음이 엄청나서 가난한 자들에게 가진 것을 다 내어 주고 심지어 당신의 생명까지 내준다 해도, 하나님적인 사랑이 없이 하는 일이라면 당신에게 전혀 아무런 유익이 없습니다(고전 13:1-3). 하나님의 나라에서는 마음의 태도가 가장 중요한 요소입니다!

만약 기도에 있어서 바라는 결과를 얻지 못하고 있다면 기도하는 동기를 한번 살펴보십시오. 기도하는 동기가 사랑입니까? 우리는 모두 항상 긍정적이기를 원하고 최선을 원하기 때문에 우리 기도의 동기가 잘못될 수도 있다는 것을 인정하는 것이 쉽지는 않습니다. 그렇지만 비판적이고 객관적인 눈으로 솔직한 평가를 내려 본다면 당신의 기도는 아무 유익도 가져다 주지 못하고 있진 않습니까? 수년 간 기도를 해 왔는데 응답이 없었습니까? 어쩌면 질병이 치유가 되지 않았거나 재정 문제도 나아지지 않았을지 모릅니다. 결국 당신의 기도는 역사하지 않는다고 말할 수 있습니다. 사랑하는 여러분, 하나님이 응답하지 않은 것이 아니라 당신의 기도가 잘못된 것입니다!

하나님께서는 이미 움직이셨다

대부분의 그리스도인들은 기도를 "하나님을 움직여 볼" 기회로 생각합니다. 하나님은 무슨 일이든 하실 능력이 있지만 아직 아무 일도 하시지 않았다고 생각하는 것이지요. 이러한 사고방식에서 본다면 기도란 하나님으로 하여금 어떤 일을 하시도록 만드는 방법인 것입니다. 당신도 이렇게 믿는다면, 당신의 기도 생활은 극도로 잘못된 기초 위에 있는 것입니다.

하나님께서는 이미 모든 일을 다 이루어 놓으셨습니다! 그분은 예수 그리스도의 죽음과 장사됨과 부활 안에서 단번에 영원히 움직이셨습니다. 하나님께서는 그분의 구속사역을 통해 용서와 치유를 받을 모든 사람을 이미 다 용서하셨고 치유하셨습니다. 이제는 하나님께서 치유와 구원을 위해 새끼손가락 하나 까딱할 필요가 없으십니다!

하나님의 관점에서는 온 세상 모든 죄가 이미 다 용서를 받았습니다. 어린 양의 완벽한 희생이 믿는 자와 믿지 않는 자 구분 없이 그들의 과거, 현재, 미래의 죄들을 완벽하게 처리하였습니다. 이 말은 모든 사람이 "자동적으로" 구원을 받는다(혹은 치유를 받는다)는 뜻은 아닙니다. 예수 그리스도께서 이미 공급해 놓으신 것의 유익을 누리려면 각자가 믿음으로 그것을 받아들여야만 합니다. 이미 주어진 선물이라도 받아 누리기 전까지는 완전히 당신 것이 아닙니다!

우리 그리스도인들은 구속사역을 통하여 하나님께서 이미 우리를 위해 이루어 놓으신 것을 사람들이 믿고 받아들이도록 가르쳐야 합니다. 그렇기 때문에 "예수님이 당신의 마음속에 들어오시도록 요청하는" 통속적인 전도 방법은 성경적으로 부정확합니다. 정확하게 말하자면 하나님께 당신을 "구원해" 달라고 "요청할" 필요가 없습니다. 왜냐면 그 말인즉슨 당신이 요구하기 전에는 주님께서 아무것도 행하지 않으신다는 것을 의미하기 때문입니다. 그렇게 되면 주님이 당신을 어떻게 생각하시는가에 따라 주님께서 긍정적으로 혹은 부정적으로 반응하신다는 얘기가 되기 때문입니다. 그러나 그것은 완전히 틀린 말입니다. 예수님께서는 2천 년 전에 우리 모두를 위해 필요한 모든 일을 이미 다 완성하셨기 때문입니다!

바울과 실라가 빌립보 감옥에 있었을 때 그곳의 간수가 물었습니다. "선생들이여 내가 어떻게 하여야 구원을 받으리이까?" 그들이 대답했습니다. "주 예수를 믿으라 그리하면 네가 구원을 받으리라"(행 16:30-31) 무엇을 믿으라는 말입니까? 주님께서 갈보리에서 죄 문제를 완전히 처리하셨다는 것을 믿으라는 것입니다. 값은 이미 지불되었습니다. 이제는 믿고 받아들이는 문제일 뿐입니다!

"모르겠어요"

한번은 집회 후에 한 여자 분께서 말하기를 자신이 백 번이나 주님께 자기 마음에 들어오시도록 구했지만 아직도 구원의 확신이 없다고 했습니다. 내가 그녀에게 말했습니다. "오늘 저녁 집회 때도 기도할 텐데 그때는 확신을 얻으실 수 있을 겁니다!" 그리고 후에 영접기도를 통해 그분이 구원을 받으시도록 함께 기도했고 이렇게 물었습니다. "이제 구원받으셨지요?"

그분이 대답했습니다. "글쎄요, 모르겠어요."

"모르겠다니 그게 무슨 말입니까?" 성경책을 가리키며 제가 말했습니다. "바로 여기 로마서 10장 9절에 말씀하고 있어요. '네가 만일 네 입으로 예수를 주로 시인하며 또 하나님께서 그를 죽은 자 가운데서 살리신 것을 네 마음에 믿으면 구원을 받으리라' 당신의 입으로 고백을 하셨지요?"

"네."

"하나님께서 예수를 죽은 자 가운데서 살리신 것을 믿으세요?"

"네."

"이제 구원받으신 거죠?"

"모르겠어요."

"13절을 보세요. '누구든지 주의 이름을 부르는 자는 구원을 받으리라.' 당신도 '누구든지'에 속하지요?"

"글쎄요, 아마 그렇겠죠."

"주님의 이름을 불렀지요?"

"네."

"그럼 이제 구원받았지요?"

"모르겠어요." 그분은 자기가 구원받은 것을 도저히 믿지 못했습니다!

주께서 이루신 것을 받으라

그 상황에서 제가 다음과 같이 했다면 당신은 어떻게 생각하시겠습니까? "왜 하나님께서 이분을 구원하지 않으시는지 저도 잘 모르겠습니다. 이분께서 구원받도록 저와 함께 합심하여 기도하고 금식해 주시겠습니까? 하나님께서 이분을 구원하실 때까지 하나님을 그냥 보내드려서는 안 됩니다!"

제 말에 동의하지 않고 당신은 이렇게 대답할지도 모르겠습니다. "그게 아닙니다. 앤드류 목사님, 그렇게 역사하는 게 아닙니다. 하나님께서 이미 다 이루어놓으셨어요. 만일 그분이 받지 않았다면, 그것은 받는 쪽인 그분의 문제이지 주는 쪽인 하나님의 문제가 아닙니다!"

예배 중에 휠체어에 탄 사람이 치유를 받으러 앞으로 나왔을 경우는 어떻게 될까요? 제가 기도를 했지만 즉시 휠체어에서 일어나지 못했다면, 회중들에게 이렇게 요청할 수 있을 것입니다. "저와 함께 끝까지 믿음으로 서실 분 계십니까? 하나님께서 이 사람을 치유하실 때까지 하나님을 보내 드리지 말고 마음을 합하여 금식하고 기도합시다." 틀림없이 회중들 가운데 90%는 제 말에 설득되어 그대로 할 것입니다!

하지만 하나님의 말씀은 분명히 이렇게 선포합니다. "그러므로 너희가 그리스도 예수를 주로 받았으니 그 안에서 행하라"(골 2:6). 당신이 죄 사함을 자기 것으로 삼고서 그대로 행하는 것과 마찬가지로 치유와 자유함 그리고 부요와 그 밖의 모든 것도 받기만 하면 됩니다! 만일 앞서 얘기했던 그 여자 분이 하나님께 구원해 달라고 애걸하는 것이 온당치 못했다면 그리스도인의 신앙생활에서 치유나 그 밖의 다른 것을 위해서 애걸하는 것도 완전히 잘못된 것입니다! 그리스도께서는 이미 그분의 구속사역을 통하여 우리의 풍성한 삶을 위한 충분한 공급을 완성해 놓으셨습니다. 이제 주님께서 행하신 것을 받아 누리는 것은 주님께 달려 있는 게 아니라 바로 당신에게 달려 있습니다!

병든 자를 고치라!

어떤 그리스도인들은 하나님께 나아가 이렇게 기도합니다. "하나님께서 저를 치유하실 수 있다는 것을 저는 압니다. 그러나 하나님께서는 아직 저를 치유하지 않으셨습니다. 그래서 저는 하나님으로 하여금 저를 치유하시게 만들 방법을 배우고 싶습니다." 이건 엄청난 불신앙입니다! 그들은 하나님께서 이미 이루어 놓으셨다는 것을 믿지 않으며 자신들이 하나님으로 하여금 그렇게 하시도록 만들 수 있다고 생각합니다. 틀렸습니다! 그러한 불신앙 때문에 많고 많은 사람들이 치유를 경험하지 못하고 있는 것입니다.

제가 운영하는 성경대학과 강의 위주의 세미나에서는 병자를 위해 "기도"하지 말고 병자를 고치라고 자신 있게 가르칩니다. 마태복음 10장 8절에서 예수님께서 우리에게 명령하시기를 "병든 자를 고치며 죽은 자를 살리며 나병환자를 깨끗하게 하며 귀신을 쫓아내라"고 하셨습니다. 병든 자를 고치는 것과 병든 자를 위해 기도하는 것에는 굉장한 차이가 있습니다!

이 차이를 이해한 사람이 바로 존 레이크John G. Lake입니다.

세계적으로 유명한 선교사요 전도자인 레이크는 워싱턴 주 스포케인Spokane에 기반을 두고 능력 있는 치유 사역을 했었습니다. 그는 모든 일을 혼자 하지 않고 "치유 사역자healing practitioners"라 불리는 동역자들을 훈련시켰습니다. 그리고 사람들이 기도를 요청할 때마다 동역자들에게 작은 기름병을 지참시켜 보내면서 이렇게 말했습니다. "그들이 치유를 받을 때까지 돌아오지 마시오!" 이 사람들은 그냥 병든 자들을 위해 기도만 해주러 간 것이 아니었습니다. 그들은 병든 자를 치유하였습니다!

치유 사역자가 치유를 하고 다시 돌아오는 데 가장 오래 걸린 시간은 3주 반이었습니다. 이것이 오랜 시간일지는 모르지만, 그들은 병든 자가 치유되는 것을 경험했습니다! 치유되는 것을 보지 못하고 돌아온 사람은 아무도 없었다고 합니다. 그들은 병든 자의 집에 머물면서 치유가 나타날 때까지 계속해서 사역을 했습니다.

이것이 당신에게 좀 생소하게 들릴지 모르겠지만 하나님께서 이미 그분의 역할을 다 하셨다는 것을 이해하고 믿을 때 이런 일은 지극히 정상적인 결과입니다. 예수 그리스도께서는 모든 사람을 구원하고 치유하는 데 필요한 모든 일을 완성하셨습니다. 당신은 구원을 믿었기에 구원받았습니다. 치유도 그와 똑같이 받는 것입니다! 예수님께서 당신의 죄를 사하심과 동시에 치유도 공급해 놓으셨기 때문에 치유를 받는 것이 구원을 받는 것보다 더 어려워서는 안 됩니다. 거듭나는 것보다 죽은 자를 살리는 것에 더 많은 믿음이 필요한 것이 아닙니다!

다 부숴 버릴 시간!

하나님의 능력이 가장 크게 나타난 때는 당신이 거듭났을 때입니다! 원래 당신은 마귀의 자녀였습니다. 마귀는 당신에게 합법적인 권리와 자격을 가지고 있었습니다. 당신이 어둠의 나라 백성이었기 때문에 원수 마귀는 당신의 삶을 합법적으로 지배했었습니다. 당신은 구원받기 위해 금식 기도를 하지도 않았고 성경 말씀을 공부하거나 교회 예배에 참석하거나 십일조 생활을 하지도 않았으며 거룩한 생활을 하지 않았습니다. 하지만 전혀 그런 노력 없이 최고의 기적을 받았던 것입니다! 그 이유는 구원받기 위해 필요한 것들이 이미 이루어졌다고 믿었기 때문입니다. 하나님께서 이미 이루어 놓으신 일을 하시는데 어떻게 의심을 할 수 있겠습니까?

　복음은 "좋은 예언"(하나님께서 앞으로 행하실 일)이 아니라 좋은 소식(하나님께서 이미 행하신 일)입니다! 신문에서 "뉴스"는 과거에 일어났던 일입니다. 복음이라는 "굿 뉴스" 즉 좋은 소식은 하나님께서 이미 당신을 용서하셨다는 것입니다. 당신의 죄가 다 용서 받았는데 왜 지옥에 가는 선택을 하겠습니까? 주님께서 넘치도록 이루어 놓으신 공급의 유익을 누리십시오. 주님께서는 이미 그분의 일을 다 완성해 놓으셨다는 것을 알아야 합니다! 이제 문제는 "하나님께서 당신을 구원할 것인가?"가 아니라, "당신이 하나님의 구원을 받아들일 것인가?"입니다. 선물은 이미 주어졌습니다. 당신은 그것을 받으시겠습니까?

그리스도인의 삶에 있어서 그 밖의 모든 것도 다 이와 마찬가지입니다! 하나님께서는 당신을 이미 치유하셨고, 부요케 하셨고, 자유케 하셨습니다. 그런데도 대부분의 사람들은 애걸하고 간청하면서 기도를 통해 하나님을 조종하고 통제하려고 애를 씁니다. 거기에 깔린 태도는 바로 "하나님께서 원치 않으시는 일을 하시도록 만들려면 어떻게 해야 될까?"입니다. 그건 전적으로 잘못된 것입니다! 기도는 하나님의 팔을 비틀어서 뭔가를 하시도록 만들려고 애쓰는 것이 아닙니다. 기도는 하나님께서 이미 이루어 놓으신 것을 믿음으로 받는 것입니다!

백 년 후에는 오늘날 "중보기도"라고 널리 퍼지고 있는 개념을 돌아보면서 '인간이 어떻게 이토록 무지하고 미개할 수 있었는가?' 하고 생각할 것입니다. 바른 정신과 생각을 가진 사람이라면 현재 그리스도의 몸 된 교회에서 "중보기도"라는 이름으로 행해지고 있는 가르침을 믿지 않을 것입니다. 그것은 오늘날 교회 안에 가장 심각한 속박이며 미혹입니다!

예수님께서는 기도가 무엇인가를 가르치기 전에 기도가 아닌 것부터 알려주셨습니다. 우리의 잘못된 기초들을 때려 부수어 던져 버립시다. 그것은 우리를 방해만 할 뿐입니다!

제 2 장

하루에 몇 시간 기도하십니까?

 오늘날 소위 "기도"라 하는 것의 대부분이 하나님을 언짢게 하지만 하나님은 너무도 크신 분이기에 그 정도는 능히 감당하십니다! 우리의 하늘 아버지는 너무도 크신 분이시기에 사랑하는 자녀들의 그 어떤 미성숙함도 감당하십니다.

 제가 지금 이 책에서 비판하는 모든 것들은 과거에 저 역시 다 했던 것입니다. 저도 그렇게 기도했었지만 저를 참아주시고 축복해주셨습니다. 하나님께서는 저에게 노하지 않으셨지만 소위 제가 했던 "기도들" 중 많은 것들이 응답 없이 지나갔습니다.

 이처럼 당신이 기도하는 방법을 제가 문제 삼는다 해서 하나님께서 당신에게 화가 나셨다고 말하는 것은 아닙니다. 하나님은 당신에게 화나 있지 않으십니다! 하나님은 좋으신 하나님이십니다. 하지만 만일 당신이 예전의 저와 같다면 당신 입의 말로 인해 당신은 올무에 걸린 것입니다.

 저는 기도에도 올바른 방법이 있고 잘못된 방법이 있다는 것을 발견했습니다. 주님은 그분의 말씀을 통하여 수년에 걸쳐 기도에 대한 저의 생각과 방법을 근본적으로 바꾸어 주셨습니다. 저의 사고방식은 바뀔 필요가 있었기 때문에 저는 주님께서 그렇게 해 주신 것이 너무도 기쁩니다.

마음을 여십시오

이 책을 읽어 나갈 때 마음을 여시고 성령님의 음성에 귀를 기울이시기 바랍니다. 성령님은 당신을 모든 진리로 인도하시는 교사이시며 인도자이십니다. 이따금 걸리는 내용이 있다고 해서 이 책을 끝까지 읽지 못하고 중단하는 일은 없길 바랍니다. 생산성도 없는 기도의 패턴을 계속 붙잡고 나간다면 당신은 얻는 것보다 잃는 것이 훨씬 더 많을 것입니다!

사실 제가 지금 당신과 나누고 있는 내용을 겸손하게 주님 앞에서 기꺼이 심사숙고한다면, 결과적으로 그것은 당신과 당신이 사랑하는 주변 사람들에게 죽느냐 사느냐의 차이를 가져올 수도 있을 것입니다. 응답도 없는 기도 방식에 목숨걸 일은 없지 않습니까?

제가 기도에 관해 통달했다고 주장하는 것은 아닙니다. 그러나 목적지를 향해 바르게 가고 있음은 분명합니다! 저는 계속해서 저의 삶과 사역에 온갖 기적을 경험하고 있습니다. 제 아들이 죽은 지 다섯 시간 만에 다시 살아났습니다. 다양한 종류의 암이 치유되었고 사람들이 휠체어에서 벌떡 일어났으며 귀신들이 쫓겨 나가는 것은 말할 것도 없고 앞 못 보는 자가 수없이 눈을 뜨고 듣지 못하는 자들의 귀가 열렸습니다. 또한 우리 단체가 부르심 받은 일을 하기 위해 필요한 재정도 풍성히 공급받고 있습니다. 제가 이런 것을 언급하는 것은 당신을 책망하고 저 자신을 높이려는 의도가 아닙니다. 모든 영광은 우리 주 예수 그리스도께 속하기 때문입니다!

그렇지만 제가 정말 도전하고 싶은 것이 있습니다. 제가 얻고 있는 이러한 결과들을 당신이 얻는 응답들과 비교해서 생각해 보시라는 것입니다. 만일 제가 경험하는 결과를 당신도 정기적으로 경험하고 있지 않다면 왜 생산적이지 못한 방법에 집착하십니까? 제가 기도에 대한 여러 가지 자세와 보편적인 관점들을 반박할 때 당신의 기도 방법 또한 정직하게 평가해 보십시오. 기도의 효력을 막고 있었던 불필요한 방해물들을 인정하고 뿌리 뽑을 좋은 기회가 될 것입니다. 기억하십시오. 성장통을 겪는다는 것은 지금 성장하고 있다는 뜻입니다!

종교성

> 너는 기도할 때에 네 골방에 들어가 문을 닫고 은밀한 중에 계신 네 아버지께 기도하라 은밀한 중에 보시는 네 아버지께서 갚으시리라
>
> 마태복음 6:6

"사람들이 보는 앞에서는 절대 기도하면 안 됩니다!"라고 주장하며 저에게 도전해 온 사람들이 실제로 있었습니다. 하지만 예수님께서도 사람들이 보는 앞에서 기도하셨습니다. 이 구절과 같은 내용인 누가복음 11장 1절을 보면 그리스도께서 사람들 앞에서 기도하시는 것을 보고 제자들이 이런 요청을 하게 된 것입니다. "주여, 우리에게도 기도를 가르쳐 주옵소서." 만일 주께서 아무도 자기의 기도를 듣지 못하게 항상 은밀히 기도하라는 뜻으로 말씀하셨다면, 주님도 사람들 앞에서 기도하셨기 때문에 자기 자신의 가르침을 어기신 것이 됩니다. 마태복음 6장 5-6절에서 예수님이 하시는 말씀은 이것입니다. "외식하는 자들처럼, 기도할 때 사람들의 관심과 인정을 받으려고 하지 말라."

집회를 하기 위해 여러 교회들을 다니다보니 저는 온갖 종류의 "대표기도"를 들어보았습니다. 사람들은 그것이 더 영적이라고 생각해서인지 몰라도 문어체와 고어로 기도합니다. 저도 고어를 사용하는 킹 제임스 번역을 가장 좋아하지만 진정으로 기도한답시고 그런 식으로 하나님께 말하고 싶지 않다는 뜻입니다. 평소 때는 그런 말투로 하지 않다가 "기도"할 때만 되면 꼭 고어체로 말하는 사람들을 많이 만났습니다. 그들은 종교적인 말투로 바꿔 톤을 달리하며 말합니다. "…하여 주시옵고, 이렇게 하여 주실 줄 믿사옵나이다!" 그건 위선적인 기도입니다!

진짜로 무거운 짐

충격적인 얘기가 되겠지만 하나님께서는 우리 기도의 대부분을 좋아하지 않으십니다! 저도 이것을 아주 힘들게 알게 되었습니다. 저의 신앙이 막 불붙었을 즈음 사람들은 저에게 하루 한 시간은 기도해야 한다고 말했습니다. 저는 이렇게 생각했습니다. 하루 한 시간이 좋은 거라면, 두 시간이나 세 시간은 훨씬 더 좋겠는데! 그래서 저는 매일 한 시간에서 세 시간 동안 기도하는 것을 훈련하였습니다. 수년 동안 아침 7시 정각에 기도를 시작하는 규격화된 기도 시간을 지켰습니다!

매일 일정 시간을 기도로 보내려는 노력은 저를 크게 괴롭혔습니다. 그렇게 기도는 했지만 결국 좋은 결과를 가져다주는 것 같지는 않았습니다. 수많은 사람들이 다들 이렇게 시작했다가 포기하기를 여러 번 반복하였을 것입니다. 저의 경우는 그렇게 기도했을 때 한 번도 기도가 술술 풀리는 경험을 하지 못했습니다.

마음을 다하여 진정으로 하나님을 사랑하는 많은 사람들이 그렇게 규정된 방식으로 기도하는 게 힘들다는 것을 발견합니다. 한때는 생동감 넘치던 주님과의 관계가 답답해지고 기계적이 되며 생명이 없는 것 같이 되어 버립니다. 매일 일정 시간을 정해 놓고 기도해야 한다고 사람들이 하는 말을 듣기는 했지만 그러한 경직된 모델은 하나님의 말씀에 전반적으로 일치하지 않습니다. 만약 당신도 그런 방법으로 기도하려고 노력하는 중이지만 한 번도 기도가 술술 풀리지 않았다면 그 이유는 성령님께서 그런 식의 기도를 단념하도록 인도하고 계시기 때문일지도 모릅니다!

그 방법이 저 자신을 훈련하는 데에는 도움이 되긴 했습니다. 그 시간에 제가 텔레비전을 보거나 저의 믿음에 해가 되는 일을 하면서 시간을 보내지는 않았으니까요. 그러나 전반적으로 그런 기도 시간은 정말이지 무거운 짐과 같았습니다!

난 왜 이렇게 기도하는가?

처음 시작은 이랬습니다. 눈을 감고 기도를 시작했는데 꽤 오랜 시간 기도한 것 같았습니다. 얼마나 기도한 것인지 궁금했습니다. 시계를 보니 겨우 5분밖에 안됐습니다. 겨우 5분이라니요! 적어도 30분 정도는 지난 줄 알았습니다. 기도하는 동안 실망감이 들었습니다. "하나님, 기도 시간 한 시간이 왜 이리 안가는 겁니까?"

말씀을 공부하고 하나님을 찬양할 때는 주님의 임재가 느껴졌으며, 매일매일 놀라운 일들이 일어나곤 했습니다. 그러다가 이 "기도"할 시간이 오는 것이죠. 결국 어느 날 기도하는 시간 오전 7시가 다가오자 6시 45분경 제가 하나님께 속마음을 털어놓았습니다. "하나님, 나쁜 뜻으로 말씀드리는 것은 아니에요. 정말 저는 주님을 사랑합니다. 하나님이 싫은 것은 절대 아닙니다. 그런데

이 기도 시간이 너무 싫어요. 정말 싫습니다! 하루 중에 이 시간처럼 안가는 시간도 없어요! 불평하는 게 아니라 진심을 털어놓는 겁니다. 6시 30분부터 이 기도 시간이 무서워요!"

그러자 곧 주님께서 저의 마음에 말씀하셨습니다. "나는 6시부터 그 시간이 오는 게 무섭다! 나도 그 시간을 도저히 견딜 수가 없구나!"

그리고 마침내 제 머리가 깨달았습니다. 하나님도 싫어하시고 나도 싫어한다면 왜 이걸 해야 되나? 그래서 저는 그런 기도 방식을 버렸고 이후 저의 영적인 생활은 놀랍게 진보하였습니다!

예수님께서 바로 이 점을 마태복음 6장 7절에서 말씀하십니다. "또 기도할 때에 이방인과 같이 중언부언하지 말라 그들은 말을 많이 하여야 들으실 줄 생각하느니라"

하나님이 보시기에 하루에 한 시간 기도하는 것이 그 자체로는 아무런 의미가 없습니다!

아무 가치 없는 일

대부분의 사람들의 기본적인 믿음은 이렇습니다. "기도란 오래 할수록 더 좋고 그래야 하나님께서 더 많이 응답하실 것이다. 그러니 기도를 오래하는 것이 답이다." 사랑하는 형제자매 여러분, 단지 기도를 오래하는 것은 아무 가치가 없습니다!

예수님은 평소 짧은 기도를 하셨습니다. 밤새 기도하신 것은 신약에 딱 두 번입니다. 그 두 경우가 사복음서에 모두 기록되었다고 여덟 번이 되는 것은 아니지요. 실제로는 두 번뿐입니다. 주님께서는 평소에 긴 시간 기도하지 않으셨습니다.

기도가 짧을수록 믿음은 더 큰 법입니다! "잠잠하라, 고요하라!"고 했더니 광풍이 그쳤습니다(막 4:39). 그게 기도였습니다! "나사로야, 나오라." 했더니 죽은 자가 살아났습니다. 단 두 마디였습니다(요 11:43). 당신이 기도를 더 정확하게 이해하게 되면 당신의 기도 역시 짧아질 것입니다. 실제로 제 친구 목사 하나는 "도와주세요!"가 위대한 기도라고 가르칩니다!

오랜 시간 기도할 경우 저는 대부분은 방언기도를 합니다. 그때는 하나님께 뭔가를 간구하기보다는 저 자신의 영적 성장을 꾀하는 편입니다. 그렇게 기도하면서 주님으로부터 지혜와 계시를 받습니다. 자기를 세우는 것이 신약성경에 나오는 기도의 목적이기 때문입니다(고전 14:4, 유 20,21).

그런데 그리스도의 몸 된 교회 대부분이 기도를 하나님께 뭔가를 간구하는 기회로 여깁니다. 그들은 기도를 편협하게 생각하여 그들의 필요를 채우기 위해 하나님께 간청하는 시간으로만 보는 것이지요. 물론 구하고 받는 것이 기도의 마땅한 이유임을 보여주는 성경 구절도 있습니다. 그러나 그것은 기도 생활의 5% 미만으로 한정시켜야 합니다. 저와 주님과의 관계에 근거해 볼 때 이것이 가장 좋은 방법이라고 믿습니다.

스스로를 속이지 말라

죄를 회개하는 것과 뭔가를 달라고 구하는 것, 그리고 중보기도하는 것을 뺀다면 대부분 그리스도인들의 기도에서 남는 게 무엇일까요? 거의 없을 것입니다! 대부분 사람들의 기도가 이런 것들로 이루어져 있기 때문이지요. "오, 하나님, 또 넘어져서 죄송합니다. 이 문제를 극복할 수 있게 도와주세요. 하나님, 이 병을 고쳐주시옵소서, 필요를 채워주시옵소서." 그리고 남들보다 영적인 사람들로 보이고자 여기에 중보기도를 더합니다. "제 주변 사람들을 위해서도 그렇게 역사하시길 원합니다!" 기도란 보통 이 정도 수준에 멈춰 있습니다.

아담과 하와는 그런 것들을 위해서 기도하지 않았습니다! 그들은 중보기도할 주변 사람도 없었고 쫓아낼 귀신도 없었으며 무너뜨릴 영적 요새도 없었습니다. 그들은 옷을 위해, 먹을 양식을 위해, 살 집을 위해, 또 직장을 위해 믿음으로 기도할 필요가 없었지만 – 기도로 간구할 게 전혀 없었지요. – 그럼에도 불구하고 저녁마다 날이 서늘할 때면 하나님을 만나 교제를 나눴습니다. 그들이 하나님과 나눈 대화에는 그들의 죄, 가난, 필요, 삶의 문제, 회개할 일, 간구와 같은 것은 하나도 없었습니다. 하지만 그들은 하루도 빠지지 않고 매일 기도 – 하나님과의 교제 – 를 했습니다!

하나님께서 의도하지 않으신 것을 위해 기도를 사용하려고 할 때, 그 기도는 종교적인 것이 됩니다. 그래서 기도가 술술 풀리지 않는 것입니다. 당신이 하나님께 이런 약속을 할 수도 있겠지요. "죽는 한이 있어도 앞으로 하루에 한 시간씩 기도하겠습니다!" 그런 다음에 일주일, 한 달, 두 달 그렇게 기도합니다. 그러나 그것은 절대 지속이 안 됩니다. 주님이 인도하시는 바가 아니기 때문입니다. 기도를 오래하고 또는 어떤 말들을 사용하여 하나님께 간구, 간구, 또 간구하면 하나님께서 그 기도를 들으실 것이라고 생각하지 마십시오. 그것은 기도가 아니라고 주님은 분명히 말씀하셨습니다(마 6:7).

하루 종일!

몇 년 전에 어떤 교회 목사님이 콜로라도 스프링스에 와서 말씀을 전하셨습니다. 그는 설교 하는 내내 주기도문을 근거로 하루에 한 시간 기도하라고 강조하였습니다. 저도 그의 집회에 참석하였고 그분의 설교를 통해 어느 정도 유익을 얻었습니다.

이후 그분이 저를 만나러 제 사무실을 방문하셨습니다. 그리고 대뜸 저에게 한다는 소리가 "그래, 하루에 몇 시간 기도하십니까?"였습니다.

저는 그 질문에 답을 할 준비가 전혀 안 되어 있었습니다! 왜냐면 제가 얼마나 오래 기도하는지 시간을 재 본 적이 없었기 때문입니다. 그래서 내가 얼마나 기도하는지 생각해 보다가 '왜 이분은 내가 하루에 몇 시간 기도하는지 알고 싶어 하는 걸까?' 하는 궁금증이 생겼습니다. 두 가지 정도의 이유를 생각할 수 있었습니다. 첫째, 그는 자신을 저와 비교하여 자기를 더 돋보이게 하고 싶었을 것입니다(자기의 자아를 높여 자신에 대해 기분이 좋아지려고). 둘째, 그는 나를 정죄하여 겉으로 보이는 자신의 "영적 능력"을 이용해서 나를 조종하고 통제함으로써 자신에게 유리한 반응을 이끌어내고 싶었을 것입니다. 그의 질문에 대해 제가 내다볼 수 있는 유익은 이 두 가지뿐이었습니다.

그에게 어떻게 대답할까를 궁리하고 있을 때 주님께서 저에게 물으셨습니다. "너는 어제 아내와 얼마나 시간을 보냈느냐?" 하루 종일 여러 가지 일을 하면서 함께 시간을 보냈다고 주님께 말씀 드렸습니다. "네가 하루 종일 네 아내 제이미와 함께 시간을 보냈다면, 아내와 함께하는 그 시간을 한 시간으로 줄이고 나서 어떻게 그것을 향상되었다고 할 수 있겠느냐?" 주님은 계속 말씀하셨습니다. "나는 언제나 너에게 시간을 내줄 수 있다. 나는 결코 너를 떠나지도 버리지도 않을 것이다. 만일 네가 우리의 관계를 하루에 딱 한 시간 기도하는 것으로 줄여 버린다면 우리가 이미 누리고 있는 것과 비교할 때 그것은 형편없는 관계가 될 것이다!"

그래서 저는 그 목사님께 담대하게 대답했습니다. "알고 싶으세요? 저는 하루 종일 하나님과 기도로 보냅니다!"

그의 얼굴에 충격의 빛이 역력한 가운데 그가 이렇게 더듬거렸습니다. "아, 아, 아닙니다. 제 말뜻을 이해하지 못하신 것 같네요…"

"아니요, 목사님께서 저의 말뜻을 이해하지 못하신 것 같네요. 저는 하루 종일 하나님과 교제하면서 보냅니다. 그게 기도지요!"

지속적인 교제

기도는 하나님과의 교제입니다! 하나님께서 항상 당신과 함께 하신다면 당신은 항상 기도하고 있는 것이지요. 어떤 특정 자세를 갖추어야만 주님과 교제하고 있는 것은 아닙니다. 성경에 보면 무릎을 꿇는 사람, 두 손을 드는 사람, 하늘을 향하여 올려다보며 기도하는 사람 등 다양한 경우가 있지만 꼭 그렇게 해야만 "기도"가 된다는 식의 종교적 형식은 만들지 마십시오. 눈을 뜨고 기도할 수도 있고 감고 할 수도 있으며, 손을 올리고 할 수도 있고 내리고 할 수도 있으며, 서서 하거나 무릎을 꿇고 할 수도 있으며 혹은 엎드린 채로 기도할 수도 있습니다. 묵상도 기도이기 때문에(시 5:1), 기도한다고 꼭 소리를 내어 말할 필요도 없습니다! 당신과 하나님과의 교제는 지속적이어야 합니다.

누군가와 친밀한 교제를 갖게 되는 "특별한 시간"도 있습니다. 저는 아내와 매주 데이트를 하지는 못하지만 정기적으로 외출

해서 함께 시간을 보냅니다. 서로 얼굴을 마주하고 함께 시간을 보내는 것만으로도 우리 결혼 생활에 친밀감을 더해 줍니다. 이러한 시간들을 따로 떼어놓지 않으면 사는 게 너무 바빠서 서로에게 시간을 낸다는 것이 불가능 합니다!

마찬가지로 하나님과의 친밀함을 위해 특별한 시간을 내는 것이 필요하지만 늘 그렇게 할 수는 없겠지요! 매일 감당해야 할 책임과 매주 일상적인 일들 가운데서도 하나님과 관계를 갖는 법을 배워야 합니다. 그런 일들이 당신의 삶의 대부분을 차지하고 있기 때문입니다. 부부가 그들의 관계를 오로지 함께 "특별한 시간을 갖는 것"에만 한정시키는 것은 비현실적입니다. 당신의 영원한 신랑이신 예수님께도 마찬가지입니다! 당신과 주님과의 관계를 오로지 "데이트"에만 한정시키지 마십시오. 하루 종일, 매일 주님과 함께 걷고 대화하십시오!

어떤 사람들은 하나님과의 관계를 극적인 것으로 만들려고 부단히 애를 씁니다. 목이 터져라 고함을 지르며 기도하고 무릎을 항상 꿇어야 하며 두 손은 높이 들고 양 볼에는 눈물을 주룩주룩 흘리며 사방에 번개와 천둥이 쳐야 진정으로 "하나님과의 교제" 가운데 있는 것이라고 생각합니다. 만일 그게 당신이 생각하는 "기도"라면 당신은 결코 형통하지 못할 것입니다!

제이미가 저의 결혼 상대라고 확신을 갖게 된 이유 중에 하나는 우리가 서로 함께 있는 것만으로도 좋았기 때문입니다. 다른 여자들과는 달리 저는 제이미를 재밌게 해 주거나 감동받게 하려고 노력할 필요가 없었습니다. 우리는 말 한 마디 하지 않고도 오랜 시간 즐겁게 보낼 수 있었습니다. 기도도 이와 같을 수 있습니다.

하나님은 우리 모두가 그저 하나님과 함께 있는 것만으로도 즐거울 수 있는 단계까지 성숙해 지기를 원하십니다. 하나님은 아무 말도 오가지 않고 특별한 일도 없지만 그저 함께 있어 서로 사랑할 수 있는 교제를 원하십니다.

저 개인적으로는 성경을 연구함으로써 하나님과의 관계를 세워 가길 좋아합니다. 성경을 읽는 것도 저에게는 기도입니다. 머리로 읽지 않고 마음을 다하여 읽기 때문입니다. 제가 하나님과 교제를 하고 있을 때면 여러 시간 동안을 성경 한 구절에 빠져 있게 됩니다! 묵상할 때 질문을 드리며 그분의 말씀에 귀 기울이면 계시가 임합니다. 이것이 바로 기도입니다!

제 3 장
심각한 오해들

　당신이 골방에 들어앉아 한 시간 동안 견고한 진을 무너뜨리고 귀신을 꾸짖고 고함을 빽빽 지르지 않았다고 해서 사탄이 주는 죄책감에 나가떨어지지 마십시오. 정죄감을 느낄 필요가 전혀 없습니다. 하나님께서는 더할 나위 없이 당신을 기뻐하십니다! 기도에 관한 대부분의 전통적인 가르침은 일상생활에서 실행하기가 거의 불가능한 것들입니다.

　어린 아이를 키우는 엄마입니까? 애들을 제쳐두고 매일 한두 시간 골방에 앉아 기도만 한다면 하나님의 뜻을 한참 놓치고 있는 것입니다! 애들은 팽개치고 오랜 시간 따로 떨어져 기도하는 것은 하나님의 뜻이 아닙니다. 아이들은 집을 때려 부수고 서로 죽도록 싸우는데 하나님께 기도한답시고 그런 난장판을 만드는 것은 영적인 것이 아닙니다. 따로 하나님과만 있을 수 없을 때에는 여러 가지 일을 하면서도 그 가운데서 쉬지 않고 기도할 수 있습니다. 하나님과 지속적인 교제는 가능하며 하나님도 그것을 기뻐하십니다!

기도는 당신의 평소 일상생활의 일부가 될 수 있어야만 합니다. 만일 혼자만의 특별한 시간을 가질 수 있고 무릎을 꿇기도 하고 아무런 방해 없이 눈을 감을 수 있다면 그 기회를 잘 이용해야 합니다. 그러나 꼭 그렇게 해야만 하나님을 기쁘시게 하는 것은 아니라는 점을 기억하십시오. 운전하며 기도할 수도 있고(물론, 눈은 감지 마시고요!) 일을 하거나 집안을 치우거나 빨래를 하거나 여러 다른 일을 하는 중에도 기도할 수 있어야 합니다. 하나님과 하루 종일 교제할 수 있는 자기만의 다양한 방법들을 찾아보십시오!

가서 푹 자라!

　많은 사람들이 가르치는 방법대로 기도하면 현실에서 삶을 제대로 살아낼 수가 없습니다! 기도하기 위해서는 어느 누구보다 두세 시간 먼저 일어나야 한다고 이야기합니다. 그런 다음 여러 가지 말로 기운을 북돋아 줍니다. 그렇게 할 수 있다면야 좋겠죠! 하지만 어린 자녀들은 밤 10시까지 당신을 꼼짝 못하게 하고 밤이면 두세 차례 잠을 깨게 만듭니다. 게다가 다음 날 새벽 5시까지 급히 직장에 출근해야 한다면 기도하기 위해 그렇게 일찍 일어날 수 없을 것입니다. 또한 하나님도 당신이 그렇게 하는 것을 원치 않으실 것입니다! "너희가 일찍이 일어나고 늦게 눕는 것이

헛되도다. 그러므로 여호와께서 그의 사랑하시는 자에게는 잠을 주시는도다."(시 127:2)

제가 처음 주님을 구하기 시작했을 때 주님을 섬기고자 하는 강렬한 열망이 저에게 있었습니다. 사람들이 말하기를 밤에 자지 않고 기도하든지 아니면 새벽에 일찍 일어나서 기도해야 한다고 했습니다. 그래서 밤늦도록 자지 않고 기도하려고 했던 기억이 있습니다. 저는 졸았고 그 이후에 따라오는 것은 죄책감이었습니다!

한번은 늦은 밤 무릎을 꿇은 채 졸다 깨서 이렇게 기도했습니다. "하나님, 정말 죄송합니다! 제가 기도할 때 졸지 않으려면 어떻게 해야 합니까?"

그러자 하나님께서 응답하셨습니다. "가서 푹 자면 된다. 그러고 나면 잠들지 않고서 기도할 수 있지 않느냐!"

요즘에는 말씀을 공부하거나 기도를 하다가 잠이 오면 잠시 낮잠을 잡니다! 조금 쉬고 나서 하던 일을 계속하면 다 괜찮으니까요.

제가 지금 말씀 드리는 것이 보통의 기도에 대한 생각과는 너무나 다르다는 것을 압니다. 저도 그 사실을 알고 있습니다. 그러나 하나님께서도 우리의 종교적인 행동은 전부 다 기뻐하지 않으십니다! 사실이 그렇습니다. 많은 그리스도인들이 예수님께서 말씀하신 그 외식하는 자들과 꼭 닮았습니다. 그들은 다른 사람들로부터 인정을 받기 위해 기도합니다. 자신의 종교적 의무를 이

행하여 하나님을 "움직여서" 그들이 원하는 것을 주시게 만든다고 생각하면서 그들의 마음을 달래고자 기도합니다. 그것은 하나님께서 일하시는 방법이 아닙니다. 하나님은 당신이 오래 기도했다고 감동받지 않으십니다!

하나님은 이미 알고 계신다

"그러므로 그들을 본받지 말라[이방인들은 중언부언하며 오래 기도한다(7절)] 구하기 전에 너희에게 있어야 할 것을 하나님 너희 아버지께서 아시느니라."(마 6:8) 기도는 당신의 상황이 얼마나 안 좋은지 하나님께 알려드리는 시간이 아닙니다. 하나님은 당신에게 필요한 것을 이미 알고 계십니다. 당신이 구하기도 전에 말입니다!

이렇게 기도해 본 적이 있습니까? "하나님, 의사가 뭐라고 했는지 아십니까?" 그러고는 의사의 부정적인 진단을 상세하게 되풀이합니다. 하나님께서는 그 상황을 당신보다 더 잘 이해하고 계시는데 말입니다! 직장 상사가 한 말이나 배우자가 했던 말, 또는 은행에서 한 말 등, 당신의 상황에 대해 그들이 했던 어떤 말도 하나님께는 중요하지 않습니다. 하나님께 당신의 문제를 상세히 설명 드릴 필요도 없고 그렇게 해 봐야 아무런 유익도 없습니다!

그리스도인들 중에는 하늘나라의 거대한 책상 위에 하나님께서 처리해야 할 수백만 건의 기도들이 산더미처럼 높이 쌓여 있는 모습을 마음속에 그리는 사람들이 많습니다. 그들은 하나님이 기도제목을 처리하느라 바쁘셔서 자신들의 기도를 들어주시기까지는 몇 개월이 걸릴지도 모른다고 생각합니다. 그래서 자기들의 기도가 다른 기도들보다 얼마나 긴급한지 하나님께 알려 드려야 한다는 생각에 "이 기도는 빨리 처리해 주셔야 합니다!"라고 기도를 합니다. 그러면 하나님께서 그들의 기도제목을 제일 앞 순서에 놓고 "승인"이라고 도장을 찍으실 거라 생각하는 것입니다. 이러한 생각과 태도는 완전히 잘못된 것입니다. 하나님은 바쁘지도 않으시고, 처리할 일이 몇 개월 밀려 있지도 않으시며 당신의 긴급한 사정을 모르시지도 않습니다. 기도란, 내용을 제대로 전달 받지 못한 하나님께 당신의 상황이 얼마나 안 좋은지를 알려 드리는 과정이 아닙니다!

대부분의 사람들이 이 점에 대해 모르기 때문에 그들의 기도는 삶에 뭐가 문제인지, 뭐가 필요한지, 급한 기도제목이 무엇인지에 대한 것으로 가득합니다! 그런 얘기를 빼면 그들의 기도에는 남는 것이 별로 없습니다. 그래서 저는 필요하다면, 어떤 아내들에게는 남편을 위한 기도를 아예 하지 말라고 조언하기도 합니다.

"하나님, 남편이 저를 때려요. 아이들도 학대하고 개도 발로 찹니다. 음주, 도박, 음란물을 사는데 돈도 다 써 버리고요. 남편은 완전히 타락했어요!" 그들은 남편이 얼마나 못됐는지를 50분 동안 하나님 앞에 늘어놓고 그 다음에 "…하지만 하나님께서 그를 구원해 주시리라 믿습니다. 예수님의 이름으로 기도합니다."라고 기도를 마무리합니다. 50분 동안은 불신에 가득 차 문제만 늘어놓고는 5초 동안만 믿음으로 기도합니다. 그러고는 저에게 이렇게 질문합니다. "왜 저는 낙심되나요?" 그렇게 기도하면 당연히 낙심됩니다!

사망과 생명

죽고 사는 것이 혀의 힘에 달렸나니　　　　　　잠언 18:21

기도할 때도 당신의 말이 사망 아니면 생명을 가져옵니다. 말씀을 통해 하나님의 해결책을 기도하면 생명을 풀어내는 것이지만, 문제에 집중하는 부정적인 기도는 오히려 문제에 힘을 더하고 강화시킬 뿐입니다. 그것을 당신이 이해하든 못 하든 상관없이 말입니다!

주님께서 한번은 찰스 캡스Charles Capps("혀의 창조적 능력을 사용하라" 등 여러 책을 저술한 미국의 농부 출신 사역자역자주)가 기도하고 있을 때 기도를 중단시키셨습니다. "찰스, 너 지금 뭐하고 있는 거냐?"

"저는 지금 기도하고 있는데요!"

"아니, 너는 기도하는 게 아니라 불평을 하고 있어!"

많은 사람들의 경우에도 본인은 기도하고 있다고 생각하지만 실제로는 불평불만을 토로하며 투덜거릴 뿐입니다. 그들은 부정적인 기도를 함으로써 그들의 삶에 사망의 능력을 풀어놓고 있습니다. 하나님은 그런 기도를 기뻐하지 않으십니다!

기도가 너무 종교적인 것이 되어 버렸습니다! 우리는 이 외식적인 형식과 태도에 대해 정직하게 인정하고 받아들여야 합니다. 기도가 아닌 것을 전부 청산한 후에야 기도가 무엇인지에 대해 올바른 기초를 놓을 수 있을 것입니다. 다시 말씀 드리지만 제가 반박하는 것들은 전에 제가 다 했던 일들입니다.

무디

과거에 저는 철야기도를 준비하여 인도하곤 했습니다. 해가 질 때쯤, 사람들을 둥그렇게 앉힌 후에 마음을 다해 중보기도를 하곤 했습니다. 그러나 밤 10시나 11시쯤에는 다 집으로 갔기 때문에 저 혼자 남아 밤새도록 기도하곤 했습니다.

밤을 새워 기도한 적이 여러 번 있었습니다! 베트남전에 참전하여 보초를 설 때는 매일 밤 4시간씩 13개월간 기도하였습니다. 매일 4시간 동안을요! 그때는 방언도 하기 전이라 온 열방을 위해 기도를 해도 겨우 30분밖에 안 걸렸습니다! 그렇게 4시간 기도한다는 것이 쉽지는 않았지만 억지로라도 그렇게 했습니다.

이제는 제가 그렇게 하지 말라고 가르치고 있는 일들은 한때 저도 다 했던 일들입니다. 지금은 전혀 그런 식으로 기도하지 않고 있으며 그 어느 때보다 더 좋은 결과들을 얻고 있습니다. 또한 하나님을 더 많이 사랑하게 되었으며 하나님께서도 여전히 저를 사랑하십니다. 하나님과 저의 관계는 아주 좋습니다! 제가 그런 기도들을 더 이상 하지 않지만 하나님은 화내지 않으십니다. 그런 기도를 안 한다고 당신은 저를 정죄하고 싶은 마음이 들 수도 있겠지만 저보다 더 좋은 결과를 얻게 되기 전까지는 제가 말씀드린 변화들을 고려해보셔야 할 겁니다.

가난한 구두 판매원이었던 드와이트 무디Dwight L. Moody는 주일학교에서 아이들을 가르치기 시작했습니다. 그는 초등학교 3학년 교육도 제대로 마치지 못한 사람이었습니다. 그러나 이후 사람들을 주님께 인도하려는 무디의 전설적인 열심과 괄목할 만한 결과로 인해 각 대륙의 나라뿐만 아니라 영국 여왕 앞에서도 복음을 전할 문이 열렸습니다. 수천수만 명의 사람들이 그의 사역을 통해서 거듭났습니다. 그는 하나님 안에서 능력을 나타냈습니다!

무디는 절제된 삶을 살았습니다. 그 결과 그는 많은 일들을 할 수 있었습니다. 그는 매일 낮 12시에서 12시 45분까지 45분 동안만 기도와 성경 연구에 몰두하였습니다. 그게 다였습니다! 왜냐면 나머지 시간에는 밖에 나가서 여러 가지 일로 사역을 하고 다녔기 때문입니다. 오늘날 그리스도의 몸 된 교회들에서 가르치고 있는 기도 방법을 따랐다면, 무디는 그토록 효과적인 사역을 할 수 없었겠지요. 하지만 그는 해냈습니다. 백 년이 지난 후에도 그는 시카고의 무디 성경학교와 스코틀랜드에 있는 자신의 학교를 통하여 아직도 전 세계에 영향을 미치고 있습니다. 그는 대부분 사람들이 꿈도 꾸지 못할 일을 해냈습니다!

이렇듯 기도가 무엇인가에 대한 심각한 오해들이 많습니다!

제 4 장

우리 아버지…

그러므로 너희는 이렇게 기도하라   마태복음 6:9

  예수님의 의도는 우리가 "주기도문"이라 부르는 이 기도를 그동안 교회에서 행해 온 것처럼 단어 하나하나 그대로 암송하게 하려는 것이 아니었습니다(마 6:9-13). 따지고 보면 이 기도는 신약의 기도가 아닙니다. 이 말에 놀라실지 모르나 주기도문이 예수의 이름으로 드리는 기도가 아니라는 것을 주목해 보십시오. 주님께서 돌아가시기 직전에 이렇게 말씀하셨습니다. "…너희가 무엇이든지 아버지께 구하는 것을 내 이름으로 주시리라. 지금까지는 너희가 내 이름으로 아무 것도 구하지 아니하였으나 구하라 그리하면 받으리니 너희 기쁨이 충만하리라."(요 16:23-24) 이렇듯 새 언약의 기도는 예수의 이름으로 기도해야 합니다.

  주님께서는 주기도문을 기도의 모델로 주신 것이지 그대로 되뇌이라고 주신 것이 아닙니다! 만일 당신이 "하늘에 계신 우리 아버지여…"라는 말을 암송하며 "주기도문"을 외운다 한들 그것은 자신의 양심만 달랠 뿐입니다(마 6:9). "나는 정말로 나의 종교적 의무를 다하고 있어!"라고 느끼는 것 외에 어떤 유익도 얻지 못합니다. 왜냐하면 그 기도문을 말한다고 해서 하나님께로부터 얻는 것은 아무것도 없기 때문입니다. 이것은 예수님께서 마태복음 6장 7절에서 하지 말라고 가르치신 중언부언하는 기도에 지나지 않습니다.

찬송함으로 들어가라

예수님께서는 이 기도를 통해서 성경적인 원리를 전달하려 하셨습니다.

> 감사함으로 그의 문에 들어가며 찬송함으로 그의 궁정에 들어가서 그에게 감사하며 그의 이름을 송축할지어다
> 시편 100:4

이것이 기도를 시작하는 방법입니다. 주님께 감사하고 주님을 찬송하고 또 주님을 송축하며 그분의 임재 안에 들어감으로 기도가 시작되어야 합니다. 바로 마태복음 6장 9절에 예수님께서 명령하신 것과 같은 것입니다. "하늘에 계신 우리 아버지여 이름이

거룩히 여김을 받으시오며."

　당신의 아버지이신 하나님과의 특별한 관계를 인식하는 것으로 기도를 시작하십시오. 그분을 그냥 "하나님", "심판자" 혹은 "창조주"로만 접근하지 마십시오. 너무 사무적이고 거리가 느껴지는 표현들입니다. 모든 신약의 성도들은 하나님과 가장 가까운 관계에 있었던 그 어떤 구약의 인물보다도 하나님과 더 가깝고 직접적인 관계를 가집니다. 놀랍지 않습니까?

　주님을 찬양하고 경배하며 주님의 임재 안으로 들어가십시오. 그의 이름에 합당한 영광을 돌리십시오. 그분은 당신을 사랑하는 하늘 아버지이십니다! 이 특별한 관계를 주신 주님께 감사하십시오. 그분의 선하심과 인자하심, 또 그분은 당신에게 화내지 않으신다는 사실을 자신에게 상기시키십시오. 설령 당신이 모든 것을 수포로 돌아가도록 일을 다 망쳐버렸다 하더라도 그분은 당신을 정죄하지 않으십니다. 하나님은 당신을 기뻐하시며 당신을 지극히 사랑하십니다. 그분의 임재 안으로 들어갈 때 꼭 기억하십시오. 그분은 바로 당신의 아버지이십니다!

　이런 상상을 한번 해 보십시오. 만일 한 아이가 그의 아버지 앞에 가서 "제가 하루 종일 아버지께 말 한마디 하지 않았다는 것을 압니다. 아버지는 틀림없이 제가 아주 탐탁지 않으시겠지요. 저를 한 번 더 용서해 주세요…"라며 계속 자비와 깨끗함을 베풀어 달라고 애걸하고 간청한다면 어떤 생각이 들겠습니까? 아마도 이런 생각이 들 것입니다. '썩 좋은 아버지는 아니군! 자녀들이 완벽하게 행동하지 않으면 가까이 오지도 못하게 하는가 보다. 하루 종일 아버지께 한 마디도 안 했다면 아버지가 그들에게 화를 낼 거라 생각하잖아. 이런!'

우리도 모두 아버지 하나님의 임재 안에 들어갈 때 자신이 부족하다고 생각했던 적이 있을 것입니다. "하나님, 기도를 충분히 하지 못했어요. 사람들을 마땅히 사랑해야 하는데 그러지 못했습니다. 이것도 하지 못했고 저것도 하지 못했어요." 우리는 하나님의 선하심에 초점을 맞추지 않고 우리 자신의 부족함에 초점을 맞추어 걱정스럽고 눌린 마음으로 나옵니다. 우리 아버지께서는 자녀들이 그런 식으로 자기에게 나아오는 것을 싫어하십니다. 만일 자기 자신이 비참하게 느껴진다면 하나님께서 그런 비참한 사람도 사랑하신다는 사실에 대해 찬양하십시오! 당신의 합당치 않음에 초점을 맞추지 말고 하나님의 선하심에 대해 감사하십시오.

"내가 너를 사랑하니 그 사실에 맞게 행동하라!"

"허니"라는 개는 제가 베트남전에 참전하면서 어머니께 맡겨 놓은 집 지키는 개였습니다. 그 개는 4분의 3은 독일산 셰퍼드이고 4분의 1은 중국산 차우였습니다. '허니'라는 이름은 그 개의 아름다운 벌꿀색의 부드러운 털에서 따온 것입니다. 허니는 누가 지나갈 때마다 짖고, 달리고, 담장을 뛰어넘곤 하였습니다.

(그 때문에 담장은 한 곳이 활처럼 움푹 들어갔습니다.) 무섭게 생긴 외모 때문에 많은 사람들을 기겁하게 했습니다!

그러나 허니의 그 억센 모습이 실상에서는 진짜 모습이 아니었습니다. 누가 가까이 다가오기만 하면 벌벌 떨며 피하곤 했습니다. 제가 허니를 데려오기 전에 채찍으로 심하게 맞은 적이 있었다고 합니다. 생긴 것은 무섭게 생겼어도 실제로는 아주 겁이 많았습니다. 이 개는 저에게 올 때마다 3미터 정도 떨어진 곳까지는 열심히 달려오다가도 그쯤에서는 멈춰서 다리를 하늘로 향해 들고 드러누워 버리고 불쌍하게 낑낑거리면서 옆으로 드러누운 채로 저에게 다가옵니다. 허니는 제가 쓰다듬어 주길 원했지만 제가 때릴까 봐 항상 두려워하였습니다.

어느 날, 지금까지 제가 말씀 드렸던 마태복음 6장과 시편 100편을 묵상하고 있었습니다. 그리곤 밖으로 나가 집 뒷마당 쪽을 바라보고 앉아 있었습니다. 허니가 저를 향해 뒷마당을 가로질러 달려왔습니다. 제가 앉아 있는 곳 근처까지 오더니 옆으로 누워 뒹굴며 낑낑거리기 시작했습니다. 그때 더 이상 참을 수 없었던 저는 그 개에게 퍼부었습니다. "허니, 한 번이라도 그냥 나한테 달려와서 보통 개가 하듯 나를 대해주면 안되겠니? 너를 보는 사람마다 내가 너를 학대한다고 생각한단 말이야! 사람들이 나를 못된 주인으로 생각한단 말이야. 네가 그렇게 할 때마다 사람들이 볼까 봐 얼마나 당황스러운 줄 알아?"

그때 주님께서 저의 마음에 말씀하셨습니다. "아들아, 나도 네가 허니에게 느끼는 것과 똑같은 기분이다. 한 번이라도 나에게 '아빠! 아버지!'라고 하면서 다가오면 좋겠어. 네가 얼마나 죄송스러운지, 혹은 네가 나의 선하심과 자비하심을 받을 자격이 없다는 것을 얼마나 잘 알고 있는지 등 그런 이야기는 안 하면 좋겠다. 내가 너를 사랑하니, 딱 한 번이라도 네가 내 앞에 나와서 그 사실에 맞게 행동해 주면 좋겠구나!"

아무런 두려움 없이 아버지께 나아가라

바로 이것이 예수님께서 마태복음 6장 9절에서 말씀하신 것입니다. 감사함으로 그의 문에 들어가십시오. 그분을 찬송하며 "아버지! 주께서 나의 아버지 되심을 감사합니다!"라고 기도하십시오. 이 땅의 아버지도 우리가 잘못 생각하고 있는 하나님 아버지처럼 자녀를 대하지는 않습니다. 종교가 우리에게 가르친 하나님 아버지께 나아가는 방법처럼 누군가 그의 부모에게 나아간다면 그 부모는 아동학대 혐의로 법의 징계를 받을 것입니다!

교회 밖의 사람들은 우리가 주님에 대해 말하는 내용 그대로 듣습니다. "하나님께서 9.11 테러를 허락하셨지요. 하나님께서 미국을 심판하시는 것입니다. 그러니 우리는 하나님의 자비를 위해 기도해야 합니다. 만일 우리가 무릎을 꿇고 용서를 간구하지 않는다면 주님은 불경건한 이 나라를 완전히 멸망시키실 것입니다." 이러니 사람들이 하나님께로 돌아오려 하지 않는 것입니다. 우리가 세상으로 하여금 하나님을 완전히 오해하게 만들었습니다!

하나님은 당신에게 화나지 않으셨습니다! 당신이 얼마나 잘못했는지는 중요하지 않습니다. 그분은 이천 년 전 십자가에서 그분의 모든 진노를 그분의 아들에게 다 쏟으셨습니다. 예수님께서 "다 이루었다!"라고 선언하셨습니다(요 19:30). 이제 당신은 그리스도께서 행하신 일에 근거하여 아무런 두려움 없이 하나님께 나아갈 수 있습니다. 하나님은 당신의 얘기를 들으시는 것을 아주 기뻐하십니다. 하나님은 당신을 나무라지 않으십니다. 하나님은 바로 그런 분이십니다!

감사함으로 그의 문에 들어가 그분을 찬송하십시오. 그분이 거룩하시고 친절하시며 정결하시고 선하시다는 사실에 감사하십시오. 그분이 당신의 심판자가 아니라 당신의 아버지 되심을 찬양하십시오! 그분은 믿지 않는 자들의 심판자로 오시지만, 당신을 심판하지는 않으십니다. 당신의 심판은 예수님에게 내려졌습니다. 당신이 마지막 심판 날에 그리스도를 믿는 자로서 그분 앞에 설 때, 거기는 영원한 상급을 주시는 자리이지 정죄하여 심판하시는 자리가 아닙니다. 당신을 사랑하시는 하늘 아버지를 두려워할 필요가 전혀 없습니다!

천국이 땅에 나타나게 하라

> 나라가 임하시오며 뜻이 하늘에서 이루어진 것같이 땅에서도 이루어지이다　　　　　　　　　　　　　　　마태복음 6:10

　예수님은 계속 하나님을 찬양하며 이렇게 선언하십니다. "아버지여, 모든 것이 하늘에서처럼 땅에서도 이루어지는 것이 아버지의 뜻임을 압니다." 천국에는 질병이 없습니다. 그러므로 당신이 병드는 것은 하나님의 뜻이 아닙니다! 천국에는 가난도 없습니다. 그러므로 당신이 여기 이 땅에서 가난한 것은 하나님의 뜻이 아닙니다! 주님이 계신 곳에는 풍성한 기쁨과 외침과 노래와 찬양과 경배가 있습니다. 천국은 지금 그런 모습이며 그분은 우리가 여기 이 땅에서도 그렇게 되기를 원하십니다!

　종교는 우리를 속였습니다! 하나님이 항상 화나 있다고 가르쳤습니다. 진노하신 하나님을 달래려고 부단히 노력해야 한다고 믿게 만들었습니다. 잘못되어도 한참 잘못되었습니다! 그것은 아버지께서 원하시는 바가 아닙니다. 만일 그리스도인들이 주기도문을 제대로 이해했다면 하나님이 우리를 가르치기 위해 우리 삶에 나쁜 일들이 일어나게 하는 분이라고 믿지는 않았을 것입니다. 하나님은 사람들에게 병을 주지 않으십니다. 하나님은 당신의 삶에 가난을 가져다주지 않으십니다. 당신이 하나님을 섬기지 않았다고 당신의 결혼 생활을 망쳐놓는 분이 아니십니다. 당신이 성경을 읽지 않았다고 당신의 아이를 죽게 하지 않으십니다. 종교가 그런 쓰레기를 가르쳤습니다. 우리가 기도 응답을 더 잘 받지 못하고 있는 것은 조금도 이상한 일이 아닙니다!

하나님께서는 그분의 뜻이 하늘에서처럼 이 땅에서도 이루어지기를 원하십니다! 이것을 근거로 하나님께로부터 무엇을 받을 것인지 판단해야 합니다. 우리가 기도해야 할 것은, 천국에 이미 우리를 위해 대기하고 있는 것이 여기 이 땅에서 우리의 삶에 나타나도록 하는 것입니다. 영생은 이미 시작되었습니다!

취하라!

오늘 우리에게 일용할 양식을 주시옵고   마태복음 6:11

11절은 끝에 물음표가 없으니 질문이 아닙니다. "오 하나님, 제가 받을 자격이 없다는 것을 압니다만 제가 오늘 굶어 죽지 않도록 빵 한 조각 주시겠어요?"라고 하나요? 아닙니다! 이것은 요구입니다. "오늘 우리에게 일용할 양식을 주십시오!" 그건 "하나님, 제가 밀어붙이겠습니다!"라는 식으로 뻔뻔하게 요구하는 것은 아닙니다. 다만 점심 때 어린 아이가 부엌에 들어와서 "엄마, 먹을 것 좀 주세요!"라고 하는 것과 같습니다. 당신은 그 아이를 찰싹 때리면서 "나에게 빌어야지!"라고 합니까? 아니지요! 음식을 차려

주는 것은 부모로서 당연한 것입니다. 아이들은 엄마와 아빠가 그들의 필요를 채워줄 거라 생각합니다. 부모의 사랑으로 인한 친근함으로 인해 거침없이 다가서는 것입니다.

하나님은 우리와 하나님과의 관계도 이렇게 되기를 원하십니다. 하나님은 모든 믿는 자들이 하나님의 사랑으로 인해 하나님과 우리가 너무도 친근하여 그분께 담대히 나아가기를 원하십니다(히 4:16). 하나님께서는 그분의 자녀들이 자기들에게 필요한 모든 것이 이미 공급되어 있는 것을 믿기를 간절히 바라십니다. 다만 믿음으로 손을 뻗어 취하기만 하면 됩니다. "아버지, 감사합니다! 나는 나의 치유를 받습니다. 나는 나의 부요를 받습니다. 아버지, 사랑합니다!" 하나님께서 그 일을 이루시도록 만들려고 애쓰는 것이 아니라 그분께서 이미 공급해 놓으셨다는 것을 마음으로 알기에 손을 뻗어서 취하는 것입니다.

그리스도인들 중에 하나님께 이런 식으로 나아가는 사람은 그리 많지 않습니다. 자녀로서 보다는 구걸하는 자처럼 하나님 앞에 나아갑니다. 그러나 우리는 이렇게 기도해야 합니다. "아버지, 저에게 필요한 모든 것을 아버지께서 이미 다 공급해 놓으신 것에 감사드립니다. 아버지께서는 좋은 것을 주시지 않은 적이 한 번도 없으셨습니다!" 그런데 이와 반대로 우리는 하나님께서 정말로 우리의 삶에 역사하기 싫어하시는 분인 듯 느끼면서 그분의 임재 안에 들어가곤 합니다. 그렇기 때문에 하나님을 움직이려고 하나님께 애걸하고 간청하는 것입니다. 그런 태도는 아무 쓸모가 없습니다! 그것은 종교적인 속박이지 참된 기도가 아닙니다. 하나님께서도 그런 기도를 싫어하시고 그런 기도는 당신에게 축복을 가져다주지도 않습니다. 그런 것들을 뿌리째 뽑아 버리고 다시 시작하십시오!

"오늘 우리에게 일용할 양식을 주십시오!" 하나님께서 이미 이루어 놓으신 것의 유익을 누리십시오. 그것을 자기 것으로 만드십시오!

용서 받고 자유케 됨

> 우리가 우리에게 죄 지은 자를 사하여 준 것같이 우리 죄를 사하여 주시옵고 우리를 시험에 들게 하지 마시옵고
>
> 마태복음 6:12,13

이것은 새 언약의 기도가 아닌 것이 분명합니다. 당신의 죄는 이미 다 용서 받았습니다. 죄를 계속 고백하면서 "우리의 죄를 용서해주소서, 우리 죄를 용서해주소서."라고 기도할 필요가 없습니다. 일단 주님을 믿고 영접했다면 당신의 죄는 다 용서를 받은 것입니다. 과거의 죄, 현재의 죄, 미래의 죄가 모두 용서를 받았습니다.

"하나님, 저를 시험에 들게 하지 마시옵소서."라고 기도할 필요가 없습니다. 당연히 하나님께서는 시험에 들게 하지 않으십니다!

어떻게 사랑의 아버지께서 그렇게 하시겠습니까? 예수님께서 이 말씀을 하신 것은 십자가와 부활 이전이었습니다. 예수님께서 우리 대신 시험을 받으셨습니다. 그리고 마귀를 이기셨습니다(마 4:1-11). 만일 당신이 시험에 들었다면 그것은 하나님께로부터 온 것이 아니라는 것을 확신해도 됩니다(약 1:13,14). 이 진리에 비추어 보아 이렇게 기도하면 됩니다. "아버지, 제가 시험에 드는 것은 아버지의 뜻이 아닌 줄 압니다."

> 다만 악에서 구하시옵소서 나라와 권세와 영광이 아버지께 영원히 있사옵나이다. 아멘.　　　　　　　마태복음 6:13

그리스도를 믿음으로 인해서 우리는 나라를 옮겼습니다. 예수님께서 이미 우리를 어둠의 나라에서 건져서 빛의 나라로 옮겨놓으셨습니다. 악한 자는 우리에 대한 그의 법적인 지배력을 완전히 상실했습니다. 우리는 이제 우리의 사랑하는 하늘 아버지의 소속입니다. 이것으로 인해 우리는 하나님을 찬양합니다. 할렐루야!

제 5 장

기도 샌드위치

그리스도께서 기도의 본으로 보여주신 주기도문은 찬양으로 시작합니다. "하늘에 계신 우리 아버지여, 이름이 거룩히 여김을 받으시오며…" 그리고 또한 찬양으로 끝을 맺습니다. "나라와 권세와 영광이 아버지께 영원히 있사옵나이다. 아멘."(마 6:9,13) 저는 이것을 "샌드위치 기술Sandwich Technique"이라고 부르길 좋아합니다. 하나님께 감사하고 하나님을 찬양하며 하나님이 얼마나 크신 분인가를 선포하면서 기도를 시작하십시오. 그 사이에 간구를 집어넣고 다시 하나님을 찬양함으로 마무리를 합니다. 간구할 문제가 있어 하나님께 나아갈 때 그 간구를 건강한 찬양과 감사 사이에 집어넣으면 하나님께 간구할 것이 그리 많지 않다는 것을 알게 될 것입니다.

"오 하나님, 의사 말이 제가 곧 죽는답니다! 친척 한 분도 이 병으로 죽었는데 어쩌다 제가 지독한 병에 걸렸네요!" 그런 "기도"는 두려움을 주고 당신을 낙심시킬 뿐입니다. 이렇게 기도하는 것은 어떨까요? "아버지, 주의 이름이 모든 이름 위에 뛰어나시니 감사합니다. 암에도 이름이 있습니다. 에이즈도 이름이 있습니다. 의사가 저에게 진단한 병도 이름이 있습니다. 주님은 그 모든 것들보다 더 뛰어나십니다! 주님께서 이 모든 것들보다 더 크시고 더 강하시고 더 능력 있으시니 감사합니다!" 그런 다음 하나님의 위대하심을 찬양하는 데에만 5~10분 정도를 보내고 나서 간구드릴 준비가 된 시점에 이렇게 기도해 보십시오. "아버지, 이것은 아버지의 능력에 비하면 아무것도 아닙니다. 제가 간구할 필요조차 없는 것이지만 의사가 저보고 곧 죽을 거라고 하네요. 그러나 예수님께서 이미 저의 치유를 공급해 놓으셨기 때문에 저는 그 치유를 받습니다!" 그런 다음 다시 하나님을 찬양하고 경배하십시오. 하나님이 어떤 분이신가에 비추어 보면 사실 그 어떤 문제도 그리 큰 게 아닙니다.

많은 사람들이 이렇게 기도합니다. "하늘에 계신 우리의 재판장이시여, 주님은 너무너무 멀리 계십니다. 오 하나님, 저는 곧 죽을 겁니다…" 그런 다음 의사가 말한 것을 40분 정도 이야기하고 나서, "… 만일 주님의 뜻이면 예수의 이름으로 저를 고쳐주세요."라고 마무리를 합니다. 그런 기도를 하고 나서 왜 자기가 우울해졌는지 이상히 여깁니다. 그건 아무 효과도 없으며 낙심만 시키는 기도입니다! 그런 류의 기도에 응답을 주려는 자는 오직 마귀뿐입니다.

찬양

뭐든지 당신이 집중하는 것이 크게 보이기 마련입니다. 문제에 집중한다면 그 문제가 점점 커질 것입니다. 모든 문제의 해결책이 되시는 하나님께 집중하십시오. 그러면 하나님을 보는 당신의 시각이 커질 것입니다. 그렇기 때문에 당신이 어떤 방향으로 기도하느냐가 아주 중요합니다. 하나님을 높일 것인지 문제를 높일 것인지, 어느 쪽을 선택하시겠습니까? 당신이 높이는 것은 점점 강해질 것이고 다른 것들은 점점 약해질 것입니다.

기도의 많은 분량이 찬양으로 채워져야 합니다! 찬양이 중요한 이유는 그것이 하나님을 기쁘시게 하고 당신에게 힘을 주기 때문입니다. 주님은 그의 백성들의 찬양 가운데 거하십니다(시 22:3). 교회의 예배가 보통 찬양과 경배로 시작하는 주된 이유가 바로 이것입니다!

원어로 '기도'를 뜻하는 말 중 하나는 "예배하다"입니다. 또 다른 뜻은 "얼굴에 입을 맞추다"입니다. 기도가 예배이고 예배가 기도입니다. 기도는 우리 아버지의 얼굴에 입을 맞추는 것입니다. 기도는 하나님을 사랑하고 하나님과 정답게 교제하는 것입니다.

형제자매 여러분, 우리가 하고 있는 것의 대부분은 기도가 아닙니다. 그것은 불평하고 투덜거리는 것입니다. 우리의 기도는 하나님께로부터 뭔가를 얻어냈을 때처럼, 뭔가 했다는 기분을 위해 하는 일에 지나지 않습니다. '내가 한 시간 기도했으니까 이제 하나님께서 나의 기도를 들으실 거야!' 아닙니다! 당신의 기도 시간을 "길게 늘이는 것"은 아무런 유익이 없습니다. 그것은 그저 종교적 행위일 뿐입니다.

하나님께 나아갈 때 이전과 다른 새로운 자세로 나아간다면 당신의 삶에 굉장한 변화가 나타날 것입니다. 하나님께서는 당신에게 지워진 종교적인 속박들로부터 당신이 해방되기를 원하십니다. 그 속박들로 당신을 인도한 것은 하나님이 아닙니다. 다른 사람들이 당신에게 속박을 지웠습니다. 아니면 당신이 스스로 속박을 자처했을 수도 있겠지요. 어느 쪽이든 하나님이 그렇게 하신 것이 아니며 하나님은 당신이 자유하기를 원하십니다!

인격이신 하나님

가족들과의 관계를 망치고 싶습니까? 효과적인 방법이 있습니다. 매일 저녁 7~8시에 교제를 나누는 "특별한 시간"을 가지십시오. 그것을 어떤 것으로도 대신할 수 없도록 법으로 규정하십시오. 저녁마다 그 시간에는 "교제를 나눕니다." 아이들은 전화 통화를 하거나 놀고 있을지 모릅니다. 엄마는 이제 막 설거지를 끝내고 있을지 모릅니다. 아빠는 이메일을 체크하고 있을지 모릅니다. 그러나 시계가 일곱 시를 알리면 모든 가족들은 거실로 모여 출석 체크를 받아야 합니다! "하나, 둘, 셋, 교제 시작!"

이렇게 하면 가족들과의 관계는 완전히 망가질 것입니다!

　가족이 함께 시간을 보내기 위해 일정 시간을 따로 떼어 두는 것은 좋은 생각입니다. 하지만 매일 시간을 정해놓고 엄격하게 율법적으로 하다 보면 얼마 후에는 그 즐거움을 깨뜨리고 말 것입니다. 사람들은 변화와 자발성을 좋아합니다. 물론 건강한 관계를 유지하려면 일정한 시간을 함께 보내야 합니다만 그보다는 좀 더 섬세할 필요가 있습니다. 함께 시간을 보내는 것도 원해서 해야지 의무감 때문에 해서는 안 됩니다. "너는 이걸 해야 해!"라고 명령하기 시작하면 그 순간 상대방의 마음속에서 뭔가가 솟아올라와서 "나는 하고 싶지 않아!"라고 하게 됩니다.

　하나님은 인격이십니다. 하나님은 당신이 의무감에 그분 앞에 나오는 것을 즐거워하지 않으십니다. 주님께서 이렇게 말씀하실 것입니다. "돌아가서 텔레비전이나 봐라. 한 시간 동안 나에게 불평하며 짜증내는 것보다는 차라리 가서 텔레비전을 보는 편이 더 낫겠다!" 여느 사람과 마찬가지로 하나님께서도 당신이 좋아서 하나님과 함께 하길 원하십니다!

　하나님과 흔들리지 않는 관계를 세워가는 데는 시간이 걸립니다. 어딜 가나 저의 사역을 통해 조금이라도 유익을 얻고 있는 분들을 만나곤 합니다. 그들은 주님께서 저를 통해 행하신 일에 감사를 표시합니다. 그래서인지 그 자리에서 10분 만에 저와 친한 친구가 되려고 합니다. 그들이 저를 위해 "기도"할 수 있도록 제가 제 속을 다 뒤집어 저의 "필요"가 뭔지 보여주길 원합니다.

그게 영적인 것 같아 보이지만 그저 저의 개인사를 들여다보려는 것입니다. 겨우 10분 만에 저와 친밀한 사이가 되어 저의 가장 친한 "친구"가 될 수는 없잖습니까! 진정한 우정은 그렇게 이루어지지 않습니다! 우정은 명령하거나 강요해서 생기는 것이 아닙니다. 친밀한 관계는 그것이 하나님과의 관계든 사람과의 관계든 시간이 가면서 발전해 가야 합니다.

섬세하신 하나님

하나님과의 관계를 너무 격렬하게 세워 가려 하지도 마십시오. 어떤 사람들은 하나님의 뜻을 알기 위해 하늘에서 번개라도 치길 원합니다! 오늘 하늘에서 번개가 치길 원한다면, 하나님의 사랑을 "느끼기" 위해 내일은 얼마나 더한 것이 필요하겠습니까? 만일 하나님께서 더 크고 더 좋은 것을 행하지 않으신다면 당신은 "주님, 어떻게 된 겁니까? 어제는 강력하게 역사하시더니, 오늘은 아무런 느낌이 없는데요! 왜 저를 더 이상 사랑하지 않는 거죠?"라며 이상히 여길 것입니다. 당신을 늘 만족시키기 위해서 하나님께서는 날마다 뭔가 새로운 일을 행하셔야 할 것입니다. 그러나 그것은 최악의 상황입니다. 하나님과의 친밀한 관계에서 성숙해지는 것이 아니라 극적인 체험들에 중독될 것이기 때문입니다. 하나님은 그런 방법으로 행하지 않으십니다!

주님께서는 자신을 나타내실 때 섬세한 방법을 사용하시길 기뻐하십니다. 예수님께서 이 땅에 오실 때 훨씬 더 "영광스러운" 방법으로 나타나실 수도 있었을 것입니다. 그분은 혜성을 타고 한밤중에 성전 꼭대기에 내려오실 수도 있었습니다. 세상에 빛이 되시는 분의 장엄한 강림을 볼 수 있도록 지진을 일으켜 예루살렘의 모든 사람들을 잠에서 깨울 수도 있었을 것입니다! 그러나 그와는 반대로 만왕의 왕이신 분이 비천한 마구간에 오셨습니다. 짐승들의 먹이통이 그분의 첫 잠자리로 사용되었습니다. 천사들이 천상의 탄생을 노래한 대상은 왕궁의 왕족들이 아니었습니다. 동구 밖 들판에 있던 미천한 목자들에게 노래를 불러줬습니다. 예수님조차도 자신을 가리켜 "마음이 온유하고 겸손한"자라고 하셨습니다(마 11:29). 주님은 휘황찬란하지 않으십니다.

제가 만약 예수님이었다면 부활한 후에 맨 처음 막달라 마리아와 저 하층민 제자들에게 나타나지 않았을 것입니다. 절대 그렇게 하지 않았을 것입니다! 곧장 빌라도 총독의 집으로 가서 그의 침대를 흔들며 "너의 손이 아직 깨끗하냐?"라고 했을 것입니다. 그리고 눈을 가리고 침을 뱉고 때리며 "네가 그리스도거든 예언해 보라!"면서 조롱했던 로마 군인들을 찾아갔을 것입니다. 그들의 막사 장벽을 통과하여 들어가 이렇게 말했을 것입니다. "이봐 친구들, 이제 너희들에 대해 예언해 볼까?" 게다가 제가 십자가에 못 박힌 것을 본 모든 사람들이 제가 죽은 자 가운데서 부활한 것을 볼 수 있도록 예루살렘 상공을 떠다녔을 것입니다. 당시 유월절을 지키기 위해 성 안에 수천수만의 사람들이 있었는데 그들 모두 납작 엎드려 경배했을 것입니다. 하지만 예수님은 그렇게 하지 않으셨습니다. 사실, 이미 예수님을 믿고 있지 않은 사람에게는 예수님께서 부활한 몸으로 나타나지 않으셨다고 성경은 분명하게 기록하고 있습니다. 하나님은 그런 분이십니다!

하나님은 믿음을 사랑하십니다! 하나님은 당신이 믿음으로 그분께 반응하기를 원하십니다. 물론, 하나님께서는 귀에 들리는 음성으로도 당신에게 이야기하실 수 있습니다. 그분이 자주 그렇게 하지 않으시는 것은 당신이 그분의 세미한 음성을 듣고 반응할 때 그분께 더 큰 기쁨이 되기 때문입니다. 하나님께서는 당신의 어깨 위에 새를 한 마리 앉히셔서 당신이 알아야 할 모든 것들을 말씀해 주실 수도 있습니다. 지나가는 모든 개들에게 명령하여 "하나님은 당신을 사랑하십니다!"라고 짖게 하실 수 있습니다. 심지어는 구름을 이용해 지시사항을 한 자 한 자 써줄 수도 있습니다. 하지만 그것은 하나님의 성품이 아닙니다!

침실의 친밀함을 뛰어넘는 관계

"기도"하기 위해서 항상 감정이 북받쳐 올라야 할 필요는 없습니다. 하나님과 얘기할 때마다 울부짖고 산고를 겪어야 한다고 생각한다면 그것은 마치 부부간의 관계가 매 순간을 육체적 친밀함을 나누는 수준으로 지속되어야 한다고 생각하는 것과 같습니다. 그러한 기대는 비현실적입니다. 인생은 그렇지가 않기 때문입니다. 그런 관계는 오래가지 못합니다. 부부간의 육체적 친밀함이 중요한 부분이긴 하지만, 전체로 보면 작은 부분에 불과합니다.

한번은 콜로라도 주립센터에서 주관하는 미혼모를 위한 컨퍼런스에서 한 심리학자가 건강한 남녀관계에 대해 얘기하는 것을 들었습니다. 그분이 했던 말이 저에게 큰 도움이 되었습니다. 그때 저도 그분과 함께 그 컨퍼런스의 초정강사였습니다. 지금은 더 이상 그 위원회에서 일하지 않지만 얼마 동안 저는 콜로라도 스프링스에 미혼모를 위한 센터를 조직하여 자리잡을 때까지 그 단체를 도왔습니다. 그 사역은 잘 성장하여 우리의 지역사회에 긍정적인 영향을 끼치고 있습니다!

그 심리학자는 왜 오늘날 사람들이 결혼 관계를 유지하는 데 어려움을 겪는지를 설명했습니다. 부부관계를 결속시키는 10가지 단계에 대해 말했는데 그 각 단계마다 목적이 있었습니다. 거기에 들어 있는 내용 중에는 서로 다른 수준에서 이야기하는 법을 배우기, 손 잡는 법, 경청, 안아주기 등이 있었습니다. 각 단계는 "정상"을 향하여 가기 위한 친밀한 관계를 더 깊게 해주므로 육체 관계의 절정에 이르게 합니다. 오늘날의 사회에서는 섹스가 너무 과도하게 조장되어 있기 때문에 사람들은 성교가 이 "친밀함"의 전부라고 생각하여 다른 중요한 단계들을 건너뛰곤 합니다. 매일매일 종일토록 섹스만 할 수는 없다는 것을 그들은 알지 못합니다! 그들의 관계에서 친밀함을 위한 여러 단계의 결속을 확립해놓지 않았기 때문에 시간이 가면서 결혼 관계가 무너지는 것입니다. 섹스가 결혼 관계를 결속시켜주는 유일한 이유라면 그 결혼은 지속될 수 없습니다!

우리와 하나님과의 관계에 있어서도 동일합니다. 그리스도의 신부로서 특별한 친밀감을 갖는 때가 있지만(이에 대해 하나님을 찬양합니다), 하나님과 당신의 관계를 전부 왕의 침실로 국한시킬 수는 없습니다!

저는 하나님과 더불어 놀랄 만한 초자연적인 체험들을 했지만 그런 이야기들을 공적으로 많이 하지 않습니다. 오랜 시간 동안 영적인 체험을 한 적도 있습니다. 하나님께서 제 삶에 정말로 굉장한 일들을 행하셨습니다. 그러나 만일 제가 이런 이야기들을 많이 나누게 되면 사람들은 그것에서 교리를 만들어 내려고 할 것입니다. 이런 일들은 수년 간격으로 일어납니다. 사실 제가 마지막으로 초자연적인 체험을 한 지는 십 년도 넘은 듯합니다.

"그렇다면 하나님과의 관계가 그토록 식어 버렸다는 것은 부끄러운 일 아닙니까!" 식어버렸다고요? 저와 하나님과의 관계는 이전보다 더 깊고 더 친밀합니다. 저와 하나님과의 관계는 아직도 신선하며 여전히 자라가고 있습니다! 당신도 하나님을 즐거워하는 법을 배우셔야 합니다!

놓치지 말라!

　최근에 주말 내내 집에서 혼자 시간을 보낸 적이 있습니다. 그것은 저로서는 좀처럼 없는 즐거움입니다. 주말 내내 저는 집 주변을 걸으며 하나님께서 우리에게 축복으로 주신 온갖 종류의 꽃들을 인하여 하나님을 찬양하였습니다. 꽃들이 아름다워서 저는 하나님께 그렇게 말씀 드렸습니다! 하나님께서는 그것을 기뻐하십니다. 저는 또한 좋은 날씨를 인하여 하나님께 감사하였습니다. 지금까지 경험한 것 중에서 가장 따뜻한 날씨였습니다!

　그것이 그토록 저에게 축복이 되는 이유는 지난 여름에 산불이 나서 산허리에 있는 우리 집에서 빠져나와야 했었기 때문입니다. 2주 반 동안 집을 비워야 했지만 주님께서는 저희 집에서 1마일 떨어진 곳에서 불이 멈추게 해주셨습니다. 불에 탄 곳은 산등성 너머였기 때문에 저의 조망은 전혀 영향 받지 않았습니다. 하나님을 찬양합니다!

　매일의 일상생활 가운데서 하나님과 교제하는 법을 배우셔야 합니다. 작은 것들에 대해 하나님께 감사하는 법을 아십니까? 하나님과의 친밀도를 높이기 위해 항상 뭔가 지진이 날 만한 일이나 기념비적인 일을 하려고 하십니까? 관계를 항상 그런 식으로만 유지해 갈 수는 없습니다! 아담과 하와는 동산이 서늘한 곳을 하나님과 함께 걸었습니다. 그들의 대화는 이렇게 진행되었다고 저는 확신합니다. "아버지, 오늘 보는 꽃은 전에 한 번도 본 적이 없는 꽃인데요. 아버지께서 놀라운 일을 행하셨군요!" 그것이 기도입니다. 그것이 하나님과의 사귐(교제)입니다. 하나님과의 관계를 너무 격정적인 것으로 이해해서 주님이 어떤 분이신가를 놓치지 마시길 바랍니다!

제 6 장

하나님께 애걸하기

예수께서 한 곳에서 기도하시고 마치시매 제자 중 하나가
여짜오되 주여 요한이 자기 제자들에게 기도를 가르친 것과
같이 우리에게도 가르쳐 주옵소서　　　　　　누가복음 11:1

마태복음 6장 9-13절을 우리는 "주기도문"이라고 부르는데 누가복음 11장 2-4절에는 그것을 다시 축약해 놓았습니다.

예수께서 이르시되 너희는 기도할 때에 이렇게 하라 아버지여 이름이 거룩히 여김을 받으시오며 나라가 임하시오며 우리에게 날마다 일용할 양식을 주시옵고 우리가 우리에게 죄 지은 모든 사람을 용서하오니 우리 죄도 사하여 주시옵고 우리를 시험에 들게 하지 마시옵소서 하라

그런 다음 5-8절에서 예수님은 일반적으로 기도를 가르치기

위해 사용되는 비유 하나를 설명해 주셨습니다. 그러나 우리 대부분은 이 비유에 대해 주님께서 의도하신 뜻과 정반대로 배워 왔습니다!

> 또 이르시되 너희 중에 누가 벗이 있는데 밤중에 그에게 가서 말하기를 벗이여 떡 세 덩이를 내게 꾸어 달라 내 벗이 여행 중에 내게 왔으나 내가 먹일 것이 없노라 하면 그가 안에서 대답하여 이르되 나를 괴롭게 하지 말라 문이 이미 닫혔고 아이들이 나와 함께 침실에 누웠으니 일어나 네게 줄 수가 없노라 하겠느냐 내가 너희에게 말하노니 비록 벗됨으로 인하여서는 일어나서 주지 아니할지라도 그 간청함을 인하여 일어나 그 요구대로 주리라

하나님이 이 구절에 나오는 이 "친구"와 같다는 식으로 흔히들 가르칩니다. 그리고 이렇게 가르칩니다. "필요가 있을 때는 하나님께 나아가야 하지만 당신이 처음에 그것을 구할 때 하나님께서 '안 된다'고 하시거나 '기다려라'라고 대답하실지도 모르니 하나님을 계속 독촉하면서 못살게 굴어서, 당신이 요구하는 것을 하나님께서 안 주시고는 못 견딜 때까지 계속 끈질기게 기도해야 합니다. 이것을 가리켜 '강청하는 기도'라고 합니다. 즉, 천국 문이 "열릴" 때까지 그것을 폭격해야 합니다."

이와 동일한 개념에 관하여 또 하나 왜곡된 가르침은 다음과

같습니다. "혼자서 기도하면 하나님은 당신의 기도에 응답하지 않으십니다. 다른 사람들을 끌어들여야 합니다. 수백만의 사람들과 함께 연합된 기도로 부흥을 달라고 하면서 천국을 침노해야 하나님께서 마침내 어쩔 수가 없어서 응답해 주실 것입니다!" 많은 그리스도인들이 실제로 이렇게 믿고 있지만 그것은 이 비유가 말하고자 하는 내용이 아닙니다.

비교가 아니라 대조

예수님은 비교가 아니라 대조를 하고 계십니다. 당신에게 혹시 그런 "친구"가 있습니까? 한밤중에 갑자기 중대한 필요가 있어서 그의 집으로 가서 도움을 청했는데 그가 친구라면 단지 불편한 시간이라는 이유로 당신의 요구를 거절하겠습니까? 그가 창문을 열고 당신에게 이렇게 대답하겠습니까? "난 지금 잠자리에 들었어. 나의 배우자와 애들이 잠을 자고 있거든. 나를 괴롭히지 말고 그냥 돌아가!" 그렇다면 그건 친구도 아니죠! 친구는 그렇게 무정하게 서로를 대하지 않습니다. 그저 알고 지내는 사이라면 모를까 친구라면 그럴 수 없습니다.

주님께서 이 예를 통해 보여주려고 하신 것은 '친구만 되어도 이보다 더 잘 대우하려고 하는데 어찌하여 네 필요를 채우기 위해서는 하나님을 몹시 괴롭혀야 하고, 구걸해야 하고, 간청해야 한다고 생각하느냐?'는 것입니다. 자기 아들을 보내서서 당신의 죄를 대신 담당하게 하시고 그 어떤 누구보다도 당신을 무한히 사랑하시는 하늘 아버지께서 어째서 이기적인 인간보다 더 못하게 당신을 대우할 수 있겠습니까?

당신도 누가 그렇게 무례하게 당신을 대할 거라고는 생각지 않을 것입니다! 당신이 그 사람의 친구인 것만으로는 도움을 주지 않는다 하더라도 늦은 밤에 귀찮아서라도 그 요구를 들어 줄 것이라고 생각합니다. 그것은 사람들이 주님보다 당신을 더 잘 대우해 줄 거라고 믿는 것입니다. 이 비유의 전체 맥락은 하나님은 그처럼 당신을 형편없이 대우하지 않으신다는 것입니다(눅 11:9-13). 이것은 대조입니다!

제 친구 던 크로우-Don Krow와 저는 임종 직전의 한 사람을 몇 달 동안 매일같이 찾아가서 기도해 주었습니다. 그 사람은 하나님께서 자신을 치유해 주실지 의심하며 힘들어했습니다. 사랑이 많은 그의 아내가 그를 위해 계속 기도하고 울부짖었습니다. 마침내 어느 날 제가 이렇게 물었습니다. "당신의 아내가 당신을 고쳐 줄 능력이 있는데도 당신이 성경을 안 읽었다고 또는 당신이 부족하다고 해서 치유를 보류하고 있을 거라 생각하십니까? 아내로 하여금 당신이 죽도록 내버려 두어야겠다고 생각할 만큼 살면서 나쁜 짓을 한 적이 있습니까?"

그는 기분 나빠하더니 이렇게 대답했습니다. "절대 그렇지 않습니다! 아내는 무슨 일이든지 할 거예요. 할 수만 있다면 나를 위해 죽을 수도 있는 사람입니다!"

"그러면 당신은 전능하신 하나님이 당신의 아내가 당신을 사랑하는 것보다 당신을 덜 사랑하신다고 생각하시는군요!"

이 사람은 그를 향한 하나님의 사랑보다 아내의 사랑이 더 크다고 믿었던 사람이었습니다. 바로 그러한 생각을 예수님께서 이 비유를 통하여 도전하신 것입니다.

하나님을 모욕하다

하나님은 몹시도 괴롭힘을 받아야 간청을 들어주는 이 "친구"와 같지 않으십니다. 어떤 설교자들은 말합니다. "하나님께서 당신이 구하는 것을 주실 때까지 하나님을 꽉 붙잡고 늘어져야 합니다!" 아닙니다! 그것은 하나님의 성품에 어긋납니다. 그것은 그분을 모욕하는 것입니다! 그러나 바로 이러한 태도가 "기도"라고 널리 전파되고 시행되고 있습니다. 또 이렇게 말합니다. "하나님을 계속 독촉하여 당신이 원하는 일을 하시게 만들어야 합니다." 당신은 하나님으로 하여금 어떤 일을 하시도록 만들 수 없습니다!

만약 주님께서 당신의 필요를 이미 은혜로 공급해 놓지 않으셨다면 당신의 믿음으로 하나님을 움직여 그 일을 하시도록 만들 수 없습니다. 보통 사람들이 생각하는 것과는 달리 믿음은 하나님을 움직이지 않습니다. 하나님은 더 이상 "움직일" 필요가 없으십니다. 하나님께서 이미 모든 것을 완성해 놓으셨기 때문입니다! 당신에게 그 필요가 생기기 오래 전에 주님께서 그것을 이미 공급해 놓으셨기 때문에 당신의 기도에 절대 깜짝 놀라지 않으십니다. 당신의 기도를 들어주기 위해 어디 가서 뭘 구해 오셔야 되는 게 아닙니다. 주님께서는 이미 하실 일을 완성하셨기 때문에 당신은 구걸하고 간청할 필요가 없습니다.

하나님께서는 이미 다 이루어 놓으셨습니다! 하나님은 천국에서 팔짱을 낀 채로 "좀 더 열심히 간구해야지. 아직 심각하지 않은 모양이구나. 네가 고생 좀 더 하면 그때 내가 응답을 할지도 모르지!"라고 하지 않으십니다. 당신이 하나님을 그렇게 인식하고 있을지 몰라도 하나님은 그런 분이 아닙니다. 하나님은 당신에게 그분의 축복을 모두 주시려고 애쓰십니다!

만약 우리의 협력 없이 주님의 능력이 나타날 수 있었다면 오늘날 이 땅에는 질병이 하나도 없었을 것입니다. 안경 끼는 사람도 없었을 것이며 알레르기를 앓거나 감기에 걸리는 사람도 없었을 것입니다. 하나님께서는 너무도 기꺼이 우리의 모든 필요를 채워주려 하시기 때문에 이미 모든 것을 다 이루어 놓으셨습니다. 하나님은 그분의 치유를 당신에게 주려고 애쓰십니다. 하나님은 우리 모든 사람을 마지막 한 사람까지 다 축복하려고 애쓰십니다!

또한 하나님은 당신보다 더 부흥을 원하십니다! 능력을 쏟아부어달라고 하나님께 간청할 필요가 없습니다. 하나님께 "기도"로 애걸해야 한다는 말은 매우 잘못된 것입니다.

"부흥을 위해 기도합시다. 하나님께 그의 성령을 부어달라고 구해야 합니다!" 그 말이 결국 무슨 뜻이겠습니까? 그것은 생명 없는 교회의 상태에 대한 책임이 하나님께 있다는 뜻이 됩니다. 만일 하나님께서 원하신다면 그의 성령을 부어주실 수 있었으며 기적은 일어나기 시작했을 것이며 사람들은 회복되었을 것이며 모든 교회는 사람들로 꽉 찼을 것이며 이 나라 정부는 개선되었을 것이며 파멸의 사이클은 역전되었을 것이라는 주장입니다. "하나님은 손가락만 하나 까딱하시면 되는 일 아닙니까!" 아닙니다!

노하지 않으신다!

하나님은 좋은 것을 주지 않으려고 뒤에 감춰 두지 않으십니다! 하나님은 이렇게 말씀하시는 분이 아닙니다. "미국은 내가 원하는 대로 하지 않았기 때문에 축복하지 않을 거다. 학교에서 기도를 없애고 공공건물에서 십계명을 철거했겠다! 내가 너희를 위해 움직이나 봐라!" 하나님은 그런 분이 아닙니다. 하나님은 이 나라를 축복하기 위해 할 수 있는 모든 것을 다 하십니다. 하나님께 움직일 마음이 생길 때까지 애걸할 일이 아닙니다. 하나님께는 아무 문제가 없습니다. "그러나 우리는 하나님께 기도하여 그의 성령을 부어주시도록 간청해야 합니다!" 그건 중상모략입니다.

하나님은 이미 다 하셨습니다(행 2:1-4). "하나님은 죄로 인해 우리에게 노하셔서 움직이지 않으십니다. 우리는 그분의 자비를 간청해야 합니다!" 아니요! 예수님은 우리를 사랑하시는 분이지 우리에게 화내시는 분이 아닙니다!

전에는 저도 이렇게 설교를 했었습니다. "만일 하나님께서 미국을 심판하지 않으신다면, 소돔과 고모라에 사과하셔야 할 것입니다!" 이제는 담대하게 이렇게 선포합니다. "만일 하나님께서 미국을 심판하신다면 예수님께 사과를 하셔야 할 것입니다!" 소돔과 고모라의 멸망은 십자가 이전에 일어났지만 그때 이후로 그리스도께서 죄를 속하셨습니다. 그때와 지금은 큰 차이가 있습니다. 하나님은 이 나라를 심판하려고 하지 않으십니다.

"하나님이 우리를 심판하지 않으실 것이라서 우리는 안전하고 견고하며 문제가 없다는 뜻입니까?" 아닙니다. 우리는 마귀에게 틈을 줌으로써 스스로를 파괴하고 있습니다! 만일 미국이 돌이키지 않는다면 훨씬 더 나쁜 일들이 앞으로 일어날 것입니다. 그러나 하나님은 비극을 야기하지도 않으시고 우리를 저버리거나 그의 성령을 거두시지도 않습니다. 우리가 하나님께 등을 돌린 것입니다. 그렇습니다. 우리가 회개하고 우리 스스로를 멸망시키는 길에서 돌이켜야 합니다만, 하나님께 다시 그의 성령을 부어달라고 간청할 필요는 없습니다. 차이를 아시겠지요?

제 7 장

"회개하시오, 하나님, 회개하시오!"

대부분의 그리스도인들이 구약과 신약 사이에는 빈 페이지 하나가 있을 뿐이라고 생각합니다. 그들은 새 언약의 확립으로 인해서 기도를 포함하여 모든 것이 역사하는 방법에 큰 차이가 생겼다는 것을 이해하지 못합니다!

창세기 18장에서 아브라함에게 나타난 하나님은 엄청난 축복을 약속하셨습니다. 그런 다음 소돔과 고모라를 멸하실 계획이라고 아브라함에게 말씀하셨습니다. 하나님께서는 동반한 두 천사를 보내셔서 정찰을 하게 하셨습니다. 소돔과 고모라는 멸망 직전에 있었습니다. 그리고 아브라함이 이렇게 기도합니다. "주께서 의인을 악인과 함께 멸하려 하시나이까? 그 성 중에 의인 오십 명이 있을지라도 주께서 그곳을 멸하시고 그 오십 의인을 위하여 용서하지 아니하시리이까? 주께서 이같이 하사 의인을 악인과 함께 죽이심은 부당하오며 의인과 악인을 같이 하심도 부당하니이다 세상을 심판하시는 이가 정의를 행하실 것이 아니니이까?"(창 18:23-25)

아브라함이 겁도 없이 담대하게 이런 식으로 하나님께 이야기하다니요! "주님, 이건 아닙니다! 한번 약속하신 것은 지키셔야 하지 않습니까? 주께서 정말로 그렇게 나쁜 일을 하실 겁니까? 그건 정말 정의롭지가 않습니다!" 이런 기도 방법은 우리에게는 좋은 기도 방법이 아닙니다.

다른 언약

아브라함이 이렇게 한 것은 다른 언약 아래 있었기 때문이며 예수님께서 우리 죄를 사하기 전이었기 때문입니다. 그렇지만 신약의 믿는 자가 이런 식으로 하나님께 간청하는 것은 잘못된 것입니다. 옛 언약에서는 주님께서 죄에 진노하셨으므로 아브라함이 이렇게 해도 괜찮았습니다. 그러나 이 구약의 예를 오늘날 우리에게 적용하기 위해 이렇게 말하는 것은 맞지 않습니다. "하나님이 화가 나셨어! 만일 우리 민족이 회개하지 않으면 우리를 심판하실 거야!" 네, 하나님께서 소돔과 고모라를 심판하셨지만 그러나 오늘날에는 그와 같이 하지 않으십니다.

많은 사람들이 9.11 테러를 이 나라의 죄악에 대해 "하나님께서 미국을 심판하신 것"이라고 말했습니다. "하나님께서 우리에게 경고를 주신 것입니다. 만일 우리가 회개하지 않으면 하나님께서 더 끔찍한 일을 행하실 것입니다!" 아닙니다. 그렇지 않습니다.

소돔과 고모라 때에 죄에 대한 주님의 진노는 만족되지 않았습니다. 그래서 주님은 구약 아래에서 그들을 심판하셨고 또 그와 유사한 다른 심판도 행하셨습니다. 그러나 예수 그리스도께서 구약과 신약 사이에 엄청난 차이를 만드셨습니다! 이제 우리는 새 언약 안에 있으며 죄에 대한 하나님의 진노는 만족되었습니다.

"오 주님, 주의 맹렬한 진노에서 돌이키소서!"

아브라함은 중보자로서 역할을 하고 있었습니다. 중보자는 중간에 서서, 서로에게 분노하며 싸움을 벌이는 두 적대자들을 평화롭게 화해시키는 역할입니다. 하나님은 거룩하시지만, 인간은 거룩하지 않았습니다. 이로 인해 하나님의 공의가 채워져야만 했습니다. 옛 언약 아래에서는 하나님께서 진노를 나타내시는 게 옳았습니다. 자비를 나타내기 위해서는 하나님께서 아브라함 같은 "중보자들"이 기도를 하게 해야만 했습니다. "오 주님, 주의 맹렬한 진노에서 돌이키소서!"

전능하신 하나님께서 그러한 요구를 고려하기도 하신다는 게 놀라운 일입니다. 주님께서는 이 사람 아브라함을 사랑하셨고 그와 언약을 맺으셨습니다. 그가 받을 만한 자격이 있어서 하나님이 그를 높이고 축복하신 게 아니었습니다. 아브라함은 자신이 화를 면하려고 두 번씩이나 다른 남자로 하여금 그의 아내를 취하여 간음하게 할 뻔 했습니다. 만일 오늘날 누가 그와 같은 행동을 한다면 우리는 그를 어떻게 생각하겠습니까? 아브라함이 이렇듯 엄청난 실수를 하긴 했어도 하나님께서는 그에게 말씀을 주셨고 그대로 지켜주셨습니다!

아브라함이 물었습니다. "주여, 만일 주께서 소돔과 고모라에서 의인 오십 명을 찾는다면 그래도 그 성 전체를 멸하시겠습니까?"

하나님께서 대답하셨습니다. "아니다! 거기에 의인 오십이 있으면 그렇게 하지 않을 것이다."

"사십 명은요? … 삼십 명은요? … 이십 명은요?"

"… 만일 거기에 의인 이십 명이 있으면 내가 멸하지 않으리라."

"열 명은요?" 아브라함은 마침내 하나님과 타협하여 열 명까지 내려가고 거기서 멈추었습니다. 그러나 소돔과 고모라에 살고 있는 사람들 중에서 롯만 유일하게 의로운 사람임이 밝혀졌습니다. 그래서 하나님은 롯의 직계 가족들만 제외하고 모두 진멸하셨습니다. 그러나 그 과정에서 하나님은 아브라함의 중보기도에 초자연적으로 반응하셨습니다!

"비켜라"

모세도 똑같은 일을 했습니다(출 32:9-14). 하나님은 노하셔서 다음과 같이 선언하셨습니다. "그런즉 내가 하는 대로 두라 내가 그들에게 진노하여 그들을 진멸하고 너를 큰 나라가 되게 하리라."(10절) 간단히 말하면 주님께서 이렇게 말씀하신 것입니다. "모세야, 비켜라! 이들을 모두 진멸할 수 있도록 나를 가만 놔둬라. 내가 너를 사용하여 완전히 새로운 민족을 창조하겠다!"

여기에 몇 가지 강력한 것들이 숨어 있습니다! 하나님께서 모세에게 "내가 하고 싶은 대로 할 수 있도록 나를 내버려두라."고 말씀하셨습니다. 주님은 이렇게 인정을 하고 계셨습니다. "모세야, 너는 나에 대해 능력이 있다. 만일 네가 나의 자비를 구한다면 그로 인해 나는 내 진노를 집행하지 못하게 될 것이다!"

> 모세가 그의 하나님 여호와께 구하여 이르되 여호와여 어찌하여 그 큰 권능과 강한 손으로 애굽 땅에서 인도하여 내신 주의 백성에게 진노하시나이까 어찌하여 애굽 사람들이 이르기를 여호와가 자기의 백성을 산에서 죽이고 지면에서 진멸하려는 악한 의도로 인도해 내었다고 말하게 하시려 하나이까 주의 맹렬한 노를 그치시고 뜻을 돌이키사 주의 백성에게 이 화를 내리지 마옵소서   출애굽기 32:11,12

주께서 회개하셨다!

모세가 하나님께 "회개하세요!"라고 말했습니다. 겁도 없이 말이죠! 이보다 훨씬 더 놀라운 말이 무엇인지 아십니까? "여호와께서 뜻을 돌이키사(회개하사 repented) 말씀하신 화를 그 백성에게 내리지 아니하시니라."(출 32:14) 단지 한 사람의 인간에 지나지 않는 그가 이렇게 말한 것입니다. "하나님, 회개하세요! 애굽인들이 여기서 일어난 일을 듣고 '하나님이 그들을 애굽에서는 구출할 수 있었지만 약속의 땅으로는 인도할 수 없었어. 너무도 허약한 신이야!' 라고 할 것입니다! 이는 하나님의 이력에 큰 흠이 될 것입니다. 하나님, 회개하세요!" 그런데 더 놀라운 것은 하나님께서 그렇게 하셨다는 것입니다!

오늘날 "중보자들"은 이렇게 주장합니다. "그게 바로 우리가 하는 일이지요. 우리는 이렇게 기도합니다. '오 하나님, 주님의 맹렬한 진노에서 뜻을 돌이키시옵소서. 우리나라에 주의 심판을 내리지 마소서!'" 우리의 죄로 인해 하나님이 노하셔서 이 나라를 심판하실 것이라고 그들은 가르칩니다. 그들이 땅에 엎드려 회개하거나 "중보자들"이 자비를 간청하기 전에는 주님이 그들을 고치지 않을 것이라고 믿습니다. 그들은 하나님을 누가복음 11장 5-8절에서 한밤중에 찾아온 손님에게 떡 세 덩이를 빌려주기 싫어서 불편해하며 잠자리에 든 그 까다로운 "친구"와 같다고 생각하며 그분께 나아가야 한다는 것입니다. "나를 귀찮게 하지 말라. 나는 너에게 화가 나 있다. 너는 나를 찾고 구하지 않았다. 그러므로 너는 네가 당연히 받을 벌을 받는 것이다!" 따라서 하나님이 응답을 주려고 하지 않으시기 때문에 하나님께서 그의 성령을 부어 주실 때까지 애걸하고, 간청하고, 괴롭혀야 한다는 것입니다. 그것은 아주 잘못된 기도의 태도입니다!

정도는 다르지만, 모든 사람이 이 잘못된 견해에 영향을 받아 왔습니다. 주님께 대립하여 요구하며 자기 의로 기도하는 것은 완전히 주님을 모욕하는 것입니다. 왜냐하면 그리스도를 신뢰하지 않고 있기 때문입니다. 즉 그리스도가 이미 이루어 놓으신 것을 믿지 않고 있는 것입니다!

반역이 심판 받다

고라와 다단과 아비람은 모세의 권위에 공개적으로 도전하였습니다. 마침내 모세가 화가 나서 이렇게 외쳤습니다. "만일 이 사람들에게 아무 일도 일어나지 않는다면 내가 하나님의 보내심을 받지 않은 사람이라고 믿어도 좋다. 그러나 만일 전에 없었던 일, 즉 땅이 입을 열고 그들과 그들에 속한 모든 것을 삼켜 산 채로 스올에 빠지게 하시면 그때는 정말로 내가 참된 하나님의 사람인줄 너희가 알리라."(민 16:28-30) 이것은 정말 엄청난 도전이었습니다!

그런데 즉시 땅이 입을 열어 고라와 다단과 아비람 및 그들을 따르던 모든 자들과 그들의 가족들, 그들의 소유물들을 전부 삼킨 다음 다시 땅이 그들 위를 덮었습니다. 그 현장에 남아 있던 사람들은 완전히 겁에 질려 도망쳤습니다!

그러나 바로 그 다음날 모든 이스라엘 사람들이 모였습니다. 그들은 모세에게 화를 내면서 이렇게 힐난하였습니다. "당신이 하나님의 백성을 죽였도다!" 그들이 이렇듯 모세를 비난하자 하나님의 영광이 구름 가운데 회막 위에 나타났습니다. 모세가 그것을 보고 아론에게 "하나님이 노하셨다!"라고 알려주었습니다. 다시 여호와께서 모세에게 지시하셨습니다. "나를 막지 말라. 내가 이 사람들을 멸하려 하노라."(민 16:41-45)

그러자 모세가 아론에게 향로를 가져와 제단의 불을 담으라고 말했습니다.(향은 주님 앞에 올라가는 기도의 향기를 상징합니다.) "사람들에게로 달려가서 산 자와 죽은 자 사이에 서라. 그러면 염병이 그칠 것이다!" 아론이 회중에게로 달려가서 죽은 자들을 지나 마침내 염병 앞에 섰습니다. 염병은 아론이 들고 있는 향로에 이르렀을 때 그쳤고 하나님의 진노는 달래졌으며 남은 이스라엘 백성들은 생명을 건졌습니다(민 16:46-50).

저는 실제로 사람들이 바로 이 성경 구절을 이용하여 설교하는 것을 들었습니다. "하나님의 진노가 쏟아져서 멸망이 시작되었습니다. 만일 우리가 아브라함과 모세처럼 중보자로 서서 '하나님의 맹렬한 진노에서 뜻을 돌이켜 달라'고 기도한다면 하나님께서 그의 심판을 쏟지 않으시고 이 나라를 보존할 수 있습니다!" 이렇게 가르치면서 그것을 "기도"라고 부르는 것입니다. 그건 절대적으로 잘못된 것입니다!

제 8 장

예수님: 유일한 중보자

디모데전서 2장 1-5절 말씀을 이해하게 되면 기도하는 방식이 많이 달라질 것입니다. 서두를 주목해 보십시오. 기도에 대해 이야기하고 있는 것이 분명합니다.

그러므로 내가 첫째로 권하노니 모든 사람을 위하여 간구와 기도와 도고와 그리고 감사를 하되 임금들과 높은 지위에 있는 모든 사람을 위하여 하라 이는 우리가 모든 경건과 단정함으로 고요하고 평안한 생활을 하려 함이라 이것이 우리 구주 하나님 앞에 선하고 받으실 만한 것이니 하나님은 모든 사람이 구원을 받으며 진리를 아는 데에 이르기를 원하시느니라 하나님은 한 분이시오 또 하나님과 사람 사이에 중보자도 한 분이시니 곧 사람이신 그리스도 예수라

새 언약 안에서 예수님은 하나님 아버지와 인간 사이에 서 계시는

유일한 중보자이십니다. 죄는 사해졌기 때문에 하나님께 더 이상 문제가 되지 않습니다. 하나님은 화나 계시지 않습니다. 하나님은 옛날에 소돔과 고모라를 멸하신 것처럼 이 나라를 멸하시려 하지 않으십니다. 아브라함은 하나님께 소돔과 고모라를 살려달라고 중보기도하였고 단 열 명의 의인까지 내려가는 데에 타협을 봤습니다. 예수님께서 적어도 그 정도는 하지 않으셨을까요? 예수님의 중보기도로 적어도 아브라함만큼은 하나님과 타협을 이루어낼 수 있다고 생각하지 않으십니까? 아브라함이 하나님께 기도해서 단 열 명의 의인만으로 기꺼이 소돔과 고모라를 구하시게 할 수 있었다는 것을 생각해 보면 하나님께서 그의 아들을 통해서는 완전히 만족되셨다는 것을 알 수 있습니다. 예수 그리스도는 이제 하나님과 사람 사이에 유일한 중보자이십니다!

모세가 중보기도했을 때는 예수님께서 아직 오시지 않았었고 하나님의 진노가 만족되지 않았었으며 죄가 심판 받아야 했었기 때문에 모세가 그런 식으로 기도하는 것은 적절하였습니다. 그러나 그리스도께서 그 후 모든 죄에 대해 심판을 담당하셨습니다. 그것은 예수님 당시와 그 이전, 즉 과거의 죄만을 위한 것이 아니라 오늘날 우리의 죄를 위한 것이기도 합니다. 예수님은 우리의 과거와 현재의 죄뿐만 아니라 미래의 죄에 대해서도 심판을 받으셨습니다! 예수님은 모든 죄에 대해 하나님의 진노를 받으시고 우리를 위해서 아버지 하나님으로부터 끊어지셨습니다. 이제 주님은 하나님과 우리 사이에 유일한 중보자이십니다. 만일 당신이 오늘날 모세와 아브라함 같은 중보자가 되려 한다면 당신은 적그리스도입니다. 즉, 그리스도를 대적하고 그의 완성된 사역을 대적하여 그를 대신하려는 것입니다!

만일 당신이 기도하기를, "오 하나님, 자비를 베풀어 주세요. 주님의 진노를 쏟지 말아주세요!"라고 한다면 당신은 주님을 밀쳐내고 이렇게 선언한 셈입니다. "예수님, 나는 주님께서 우리를 위해 속죄하셨고 주님이 죄를 처리하셨음을 알고 있습니다. 성경 말씀에 주님이 유일한 중보자라고 합니다만 제가 좀 도움을 드릴 수 있다고 생각합니다. 또한 제가 간구를 하고 일이 바르게 되도록 중보기도도 할 것입니다!" 당신은 예수님께서 이미 해 놓으신 일에 무엇을 더하려 하고 있습니다!

예수님 + 그 어떤 것이든 = 무(無)

예수님 + 무(無) = 모든 것

아브라함과 모세가 하던 식으로, 또 구약의 사람들이 하던 식으로 중보하려고 한다면 당신은 그리스도께서 행하신 일을 존중하지 않는 것이며 당신이 중보자가 되려고 하는 것입니다.

"당신은 예수님과 무슨 관계였는가?"

우리에게 주어진 대부분의 기도의 예들과 모델들, 특히 "중보와 영적 전쟁"에 대한 것들은 모두 옛 언약에 속하는 것들입니다.

다들 훌륭한 예들이지만 오늘날 우리를 위한 것은 아닙니다! 하나님은 화나 계시지도 않고 기분이 나쁘지도 않으십니다. 하나님은 즐거우시고 행복하십니다. 하나님의 가족은 불어나고 있고 하나님의 나라는 매일 전진하고 있습니다! 죄에 대한 하나님의 진노는 그의 아들에게 부어졌습니다. 하나님께서 더 이상 사람들에게 노하지 않는 것은 그의 공의가 어린 양의 완전한 희생으로 충족되었기 때문입니다.

하나님께서 노하시지 않는데 그래도 여전히 말씀을 전해야 합니까? 물론이죠! 하나님께서 이미 다 공급해 놓으셨지만 각 개인이 믿고 자기 스스로 받아들여야 합니다. 만일 그렇게 하지 않으면 그때 예수를 자신의 구세주로 영접하지 않은 사람들은 지옥으로 갈 것이기 때문에 진노와 심판이 그대로 남아 있습니다.

하나님께서 지옥을 준비하신 것은 마귀와 그의 부하들을 위한 것이었지 사람을 위한 것이 아니었습니다. 그러나 마귀와 하나가 되기로 선택하고 믿음을 통하여 은혜로 말미암는 구원을 받아들이기를 거부하는(자신의 힘으로 구원을 이루려고 하는) 자들은 사탄의 심판에 참여하게 될 것입니다. 그것은 하나님께서 의도하신 것이 결코 아닙니다. 하나님은 사람들이 지옥으로 가는 것을 원치 않으십니다. 그러나 하나님은 의로우십니다. 만일 그리스도 안에서 하나님이 지불해 놓으신 것을 받아들이지 않는다면 그들은 지옥으로 갈 것입니다.

개개인의 죄(동성연애, 마약, 음주 등)가 그들을 지옥으로 보내는 것이 아닙니다. 그들의 죄들sins은 이미 용서를 받았지만 그러한 죄들에 대해 이미 값이 지불되었다는 것을 받아들이지 않은 그 죄the sin로 인해 지옥에 가는 것입니다. 모든 것은 당신이 예수님께 어떻게 반응하느냐에 달려 있습니다.

당신이 천국에 이르면 하나님께서 "너의 죄는 어떻게 했니?"라고 묻지 않으실 것입니다. 하나님께서 알고 싶으신 것은 "너는 예수와 어떤 관계였느냐?"일 것입니다. 당신과 예수 그리스도와의 관계, 당신이 무릎을 꿇고 그분을 주님으로 모셔들였느냐가 당신이 받아들여질 것인지 아니면 거절당할 것인지를 결정합니다. 그때에 예수를 거절한 자들은 하나님께서 지불하신 대가를 받아들이지 않았기 때문에 자신의 죄에 대해 책임을 지게 될 것입니다. 그들은 심판을 받고 개별적인 죄들에 대해서 답변을 해야 할 것입니다. 그러나 정말로 유일한 것은 '당신은 예수님과 어떤 관계였는가?' 입니다.

구하라, 찾으라, 두드리라

예수님께서 우리의 죄값을 지불하시고 하나님의 진노가 만족되었지만 교회는 전반적으로 아직 이것을 이해하지 못합니다. 우리는 아직도 하나님을 구약의 하나님으로 인식합니다. 화가

나 있으신 하나님 말입니다. 우리는 하나님이 정말로 하고 싶어 하시는 일, 죄지은 사람들을 심판하시는 일을 하지 못하도록 중보기도해야 한다고 생각합니다. 아직도 하나님께 자비를 베풀어 달라고 애걸하고 간청해야 한다고 믿고 있습니다. 그건 너무 잘못된 것입니다! 반면 신약의 하나님 말씀은 그리스도를 통한 하나님의 사랑과 용서의 깊이를 계시해 줍니다.

기도는 당신이 하나님을 진노에서 돌이키게 하는 것이 아닙니다. "주님이 그것을 저에게 주실 의무는 없다는 것을 압니다. 하지만 주님이 저를 축복하실 때까지 저는 떠나지 않을 것입니다! 내가 원하는 것을 주실 때까지 아무 데도 안 갑니다! 주님이 채찍에 맞으므로 나는 나음을 받았다고 말씀하셨습니다. 그러니 나를 치유하실 때까지 포기하지 않을 것입니다!" 이런 기도는 그리스도를 존중하는 것이 결코 아닙니다. 치유를 포함하여 당신에게 필요한 모든 것을 하나님께서 이미 공급해 놓으셨다는 것을 당신은 전혀 모르고 있는 것입니다. 하나님께서는 당신을 사랑하시며 당신이 그것을 가지길 원하십니다!

하나님은 누가복음 11장 5-8절에 나오는 그 "친구"와 같지 않습니다. 예수님께서는 대비를 하신 것입니다! 예화를 말씀하신 후에, 예수님께서 즉시 자신의 요점을 강조하셨습니다.

내가 또 너희에게 이르노니 구하라 그러면 너희에게 주실 것이요 찾으라 그러면 찾아낼 것이요 문을 두드리라 그러면

> 너희에게 열릴 것이니 구하는 이마다 받을 것이요 찾는 이
> 는 찾아낼 것이요 두드리는 이에게는 열릴 것이니라
>
> 누가복음 11:9,10

하물며!

그런 다음 예수님께서는 또 다른 인간관계를 가지고 동일한 논리를 사용하셔서 이 진리를 더 깊이 설명하셨습니다.

> 너희 중에 아버지 된 자로서 누가 아들이 생선을 달라 하는데
> 생선 대신에 뱀을 주며 알을 달라 하는데 전갈을 주겠느냐
> 너희가 악할지라도 좋은 것을 자식에게 줄 줄 알거든 하물며
> 너희 하늘 아버지께서 구하는 자에게 성령을 주시지 않겠느냐
> 하시니라
>
> 누가복음 11:11-13

주님께서 무슨 말씀을 하시는지 아시겠습니까? "만일 너의 아들이 떡을 달라 하면, 그에게 돌을 주겠느냐? 그가 그것을 입에 물면 이빨이 다 망가질 텐데! 만일 너의 딸이 계란을 달라고 하면 전갈을 주겠느냐? 그들이 생선을 달라 하면 생선 대신 독사를 주겠느냐?" 물론 아니겠죠! 당신의 자녀들을 그렇게 잔인하게 대한다는 것은 생각도 하지 않을 텐데 어째서 하나님이 당신의

예수님: 유일한 중보자

필요를 채워주길 거절하시거나 주저하실 것이라고 생각합니까? 그와 정반대입니다! "네가 악할지라도 좋은 것을 자녀들에게 줄 줄 알거든 하물며 너희 하늘 아버지께서 구하는 자에게 성령을 주시지 않겠느냐?"

대부분의 사람들은 하나님께서 그들의 필요를 채워 주길 싫어한다고 생각합니다. 그래서 하나님께 "기도"로 애걸하며 간청하는 것입니다. 하나님이 보시기에 그들이 충분히 경건하지 않으니까 하나님께서 화를 내신다고 그들은 믿고 있습니다. 그리고 팔짱을 끼신 하나님께서 팔짱을 풀면서 "나는 너에게 아무 것도 주지 않을 거야!"라고 말씀하시는 것을 마음에 떠올립니다. 그래서 그들은 "기도"를 하는데 하나님께서 결국에는 "지쳐서" 응답을 안 해 줄 수 없을 때까지 계속 독촉합니다. "당신이 원하는 것을 하나님께서 주실 때까지 하나님을 놓아주지 말라!"고 합니다. 아닙니다. 예수님께서는 정반대로 가르치셨습니다! 이런 말씀들을 왜곡해서 그것을 "강청하는 기도"라고 부른 것은 바로 사람들이었습니다. 이 얼마나 무례한 태도입니까!

제 9 장

마귀의 책략

누가복음 18장 1-8절 말씀은 "끈질긴 기도"를 가르치기 위해 자주 사용되는 또 하나의 구절입니다.

> 예수께서 그들에게 항상 기도하고 낙심하지 말아야 할 것을 비유로 말씀하여 이르시되 어떤 도시에 하나님을 두려워하지 않고 사람을 무시하는 한 재판장이 있는데 그 도시에 한 과부가 있어 자주 그에게 가서 내 원수에 대한 나의 원한을 풀어 주소서 하되 그가 얼마 동안 듣지 아니하다가 후에 속으로 생각하되 내가 하나님을 두려워하지 않고 사람을 무시하나 이 과부가 나를 번거롭게 하니 내가 그 원한을 풀어 주리라 그렇지 않으면 늘 와서 나를 괴롭게 하리라 하였느니라
>
> 누가복음 18:1-5

그들은 이렇게 가르칩니다. "하나님은 이 불의한 재판장과 같아

서 처음부터 당신의 기도에 응답하려고 하지 않습니다. 그러나 이 여자가 끈질기게 그에게 독촉한 결과, 마침내 그가 누그러져서 이렇게 말했습니다. '이 여자가 원하는 것을 안 줄 수가 없구나. 그렇지 않으면 나를 가만히 놔두지 않을거야.'" 그리고 이렇게 해석합니다. "주님도 바로 그런 분이십니다. 가서 제단 뿔을 잡고 주님이 나오실 때까지 흔들어대십시오. 당신이 하나님의 능력이 역사하도록 만들어야 합니다!" 이 구절의 뜻은 그런 것이 아닙니다. 하나님은 불의한 재판관과 같지 않습니다. 이것은 비교가 아니라 또 하나의 대비입니다!

개인적으로는 우리 미국의 사법제도를 그다지 존중하지 않습니다만 정치인들도 우리가 왜곡해 놓은 하나님보다는 사람대접을 더 잘할 것입니다. 오늘날 우리 사회에서도 그 재판장과 같이 말도 안 되게 나쁜 조처가 일어날 것이라고는 상상도 할 수 없는 일입니다!

예수님께서는 자신의 요점을 설명하기 위해서 이 우스꽝스런 예화를 사용하신 것입니다. 이렇게 불의한 재판장과 같은 사람이 있다고 할지라도 그 여자는 끝까지 포기하지 않고서 그가 마침내 지쳐서 굴복하게 만들었습니다. 바꾸어 말하면 사람들은 주님으로부터 받는 것보다 불완전한 이 사회 제도에서 더 나은 대우를 받는다고 믿습니다. 대부분의 사람들이 하나님보다는 세상의 재판관을 더 많이 신뢰하고 있습니다! 이 비유는 이렇듯 말도 안 되는 사고방식을 보여주는 대비인 것입니다.

옹호자인가 대적자인가?

> 주께서 또 이르시되 불의한 재판장이 말한 것을 들으라 하물며 하나님께서 그 밤낮 부르짖는 택하신 자들의 원한을 풀어 주지 아니하시겠느냐 그들에게 오래 참으시겠느냐
>
> 누가복음 18:6,7

어떤 사람들은 이 구절을 '하나님께서 당신의 원한을 풀어주시긴 하겠지만 그 전에 시간을 오래 끌 것'이라고 해석합니다. 그들은 이렇게 말합니다. "때로 하나님께서 응답하시기까지 시간이 좀 걸립니다. 그러니 계속 구하고 또 구하십시오. 그러면 결국에는 하나님께서 응답하실 것입니다." 만일 이 구절을 그런 식으로 해석한다면, 8절은 전혀 말이 안 됩니다!

> 내가 너희에게 이르노니 속히 그 원한을 풀어 주시리라 그러나 인자가 올 때에 세상에서 믿음을 보겠느냐 하시니라

하나님은 당신에게 응답을 오래 기다리게 하는 이 불의한 재판관과 같지 않으십니다. 하나님은 속히 원한을 풀어주십니다! 당신은 하나님께 거듭거듭 간청하면서 구걸할 필요가 없습니다. 문제는 '하나님께서 응답을 주실 의지나 능력이 있는가?'가 아니라 '우리가 믿고 받을 수 있는가?'입니다. "그분이 세상에서

믿음을 보시겠습니까?"

하나님께 나아갈 때 그분이 마치 당신의 기도에 응답해 주기를 원치 않는 대적자인 것처럼 생각하며 나아간다면 당신은 하나님을 자신의 부모보다도 못한 분으로 여기고 있는 것입니다! 당신은 하나님보다 당신의 부모나 친구들이나 혹은 재판관이 당신에게 더 잘 대우해 줄 것이라고 생각하는 것입니다!

주님에 대한 그러한 나쁜 이미지가 널리 퍼져 있기 때문에 선천성 기형아가 태어나는 것이 주님의 뜻이라고 우리가 잘못 생각하게 된 것입니다. "하나님께서 당신에게 뭔가를 가르치려고 암에 걸리게 하신 것입니다." 또는 "그 건물 안에 성인용품 가게가 있었기 때문에 주님께서 그 건물에 있는 사람들과 함께 그 건물을 흔적도 없이 불태워버리신 것입니다. 하나님께서 그들을 심판하셨습니다!"

이런 왜곡된 관념을 마음에 품은 수많은 그리스도인들이 하나님과 그들의 나라 틈에 서서 하나님의 자비를 구해야만 하나님의 심판을 멈출 수 있을 거라 믿고 있습니다. 수백만의 사람들이 주님께 간청하고 그리스도께서 계시는 그 자리를 대신하려고 그런 "기도 체인" 운동에 참여합니다. 그것은 전혀 하나님적인 일이 아닙니다!

"그건 옳지 않아!"

기도할 때 하나님에 대한 이런 이미지와 태도를 당신도 가지고 있습니까? 만일 그렇다면 당신은 적대적인 관계에서, 불신앙으로, 하나님의 성품을 비방하고, 그리스도를 존중하지 않으며, 예수님께서 행하신 것이 충분치 않다고 믿으면서 하나님께 나아가는 것입니다. "예수님, 예수님께서 중보하신 것을 저는 알고 있습니다. 하지만 비켜주세요. 이제는 제가 하겠습니다!" 그래놓고 당신은 이렇게 자문합니다. "왜 나의 기도는 역사하지 않는 거야?" 그럼에도 불구하고 하나님께서 당신에게 화나 있지 않으신 유일한 이유는 예수님께서 그분의 일을 완벽하게 이루어 놓으셨기 때문입니다.

우리는 마귀의 거짓말을 믿으며 무지함으로 인해 종교의 비뚤어진 견해를 받아들입니다. 주님을 우리의 대적자로 생각하고 주님께 강요하다시피 하여 우리의 기도에 응답하게 만들려고 합니다. 우리는 우리 자신을 치유자이신 주님보다 더 긍휼이 많은 자로 여기는 헛된 상상을 하면서 하나님의 팔을 비틀어 사람들을 치유하시게 하려고 합니다!

한때 저도 철야기도 중에 하늘 문을 공격하며 소리를 고래고래 지르면서 벽을 치곤했던 기억이 납니다.(그때에 저는 하나님이 귀머거리인 줄 생각하고 소리가 클수록 더 잘하는 기도인 줄 알았습니다.) 저는 실제로 이렇게 고함을 질렀습니다. "하나님, 만일 하나님께서 텍사스 알링턴 사람들을 제가 사랑하는 것의 절반만이라도 사랑하신다면 우리는 부흥을 이룰 것입니다!" 이렇게 내뱉고 나서 저는 즉시 저의 신학에 아주 심각한 잘못이 있다는 것을 깨달았습니다. 저는 그 자리에서 딱 멈추고 이렇게 말했습니다. "그건 정말 아니지!" 그러나 오늘날 대부분의 "중보자들"이 그와 같이 생각하고 있습니다.

중보자들은 주님께 간청하여 이렇게 기도합니다. "오 하나님, 제가 이 사람들을 사랑하는 만큼 주님도 그 사람들을 사랑해주십시오." 표현을 꼭 이렇게 똑같이 하지는 않겠지만 그들이 하는 말의 뜻이 그렇습니다. 하나님은 지금 너무 화가 나셔서 만일 당신의 위대한 기도가 없다면 사람들이 죽어 지옥에 가게 하실 것이라고 믿고 있는 것입니다. 당신 없이는 하나님께서 아무도 치유하지 않으실 것이며 애걸을 해야만 돌이켜 자비를 베푸실 것이라고 생각하는 것입니다. 진리에서 멀어도 한참 멀어진 이야기입니다.

하나님은 당신이 사람들을 사랑하는 것보다 그들을 무한히 더 사랑하십니다. 당신의 조국이 주님께 돌아오고 사람들이 구원받고, 치유되고, 해방되는 것을 보고 싶다면, 그것은 당신이 그런 소원을 품도록 하나님께서 벌써 친히 당신의 마음을 만지셨기 때문입니다. 명확히 말하면 그것은 인간의 본성이 아닙니다! 인간의 본성은 이기적이며 자신 이외에는 누구에게도 관심을 갖지 않습니다. 만일 당신이 긍휼한 마음을 가지고 다른 사람들이 변화되는 것을 보고 싶어 한다면, 그건 하나님께서 이미 당신 안에서 역사하고 계시기 때문입니다. 그 긍휼함을 주신 분이 바로 하나님입니다. 하나님께서 당신의 마음에 열정을 주신 이유는 당신이 하나님께 당신만큼 자비로운 자가 되시기를 간청하라고 주신 것이 아닙니다. 다만 당신이 사랑으로 인해 하나님의 능력을 풀어 놓으라고 주신 것입니다.

진리에 의지하여 행하라

저는 다른 여러 나라들에서 보았던 주님께 대한 갈망과 소원과 열정을 여기 미국에서도 보고 싶습니다. 그것은 하나님께서 미국에 성령을 부어주시지 않아서가 아닙니다. 다만 미국이 온갖 종류의 DVD, TV 프로그램, 비디오게임, 쇼핑, 휴가 등에 너무 마음이 빼앗겨 있기 때문입니다. 이 나라는 여러 다른 나라의 GNP보다 더 많은 돈을 엔터테인먼트와 스포츠 장비 및 여가 활동에 지출합니다. 온갖 종류의 물질적인 것들을 갈망하다보니 하나님께 대해서는 시간을 내지 못합니다!

하나님은 그분의 성령을 우리에게 주지 않으시려고 붙잡고 계시지 않습니다. 하나님은 미국에서도 역사하려고 애쓰십니다. 그러나 성령께서는 사람을 통하지 않고 독립적으로 역사하지 않으십니다. 하나님께서는 믿는 자들이 나가서 병든 자를 고치고, 나병환자를 깨끗케 하며, 죽은 자를 살리고, 귀신을 쫓아내라고 하셨습니다. 그런데 우리는 하나님께서 우리에게 하라고 명하신 일을 하지 않고 그 일을 하나님이 하시라고 요구하고 있는 것입니다. 하나님께서는 이미 그분의 능력을 풀어놓으셨습니다. 그것은 우리 안에 있습니다. 이제는 우리가 그분의 능력을 사람들에게 풀어놓아야 합니다.

하나님께서는 예수를 죽은 자 가운데서 살리신 그 동일한 능력을 이미 우리 안에 넣어두셨습니다! 지금은 하나님이 그의 성령을 부어주실 때가 아닙니다. 주님께서는 이미 부어주셨고 성령은 모든 거듭난 믿는 자들 안에 거하고 계십니다. 우리가 할 일은 다만 진리를 말하고 그 진리에 의지하여 행하도록 서로를 격려하는 것입니다!

당신이 죽은 자를 살렸다고 생각해 보십시오! 그리고 그때 거기에 있었던 사람들에게 이렇게 묻습니다. "여러분들도 우리 교회 집회에 나오셔서 어떻게 이런 일을 할 수 있는지 알고 싶지 않으세요?" 사람들이 떼 지어 몰릴 것입니다! 하나님께 능력을 부어 달라고 기도할 필요가 없습니다. 하나님께서도 그분의 능력이 나타나기를 원하시지만 먼저 당신이 믿고 가서 행해야 합니다. 그렇게 할 때 표적이 뒤따를 것입니다!

열매를 생각해 보라

오늘날 그리스도의 몸인 교회에서 떠돌아다니는 "기도"에 관한 대부분의 가르침의 배후에는 사탄이 있습니다. 열매를 생각해 보십시오! 당신은 주님께서 이미 행하신 일을 귀하게 여기지 않으면서 주님의 자리를 대신하려고 골방에 틀어박혀서, 주님이 더 이상 품고 있지도 않은 진노에서 돌이키시라고 촉구하며, 이미 부어져 있는 성령을 보내달라고 애걸하고, 주님께 당신만큼 자비로워지라고 간청하고 있습니다. 이 모든 것은 하나님에 대한 이해와 하나님에 대한 인상을 파괴시킬 뿐입니다.

그러는 사이 당신의 가족들과 동료들 및 이웃들은 지옥으로 가고 있습니다. 당신이 그들에게로 가서 하나님의 말씀을 선포하고 그들의 상한 몸에 치유를 명함으로써 그 선포된 말씀을 증명해야 합니다. 그러나 그렇게 하기는커녕, 매일 한 시간 이상 골방에서 "중보기도"하느라고 너무 바쁜 나머지 사람들과 얘기할 시간도 없습니다. 이게 마귀의 책략이 아니고 뭐겠습니까!

제 10 장

골방에서 나오라!

수천명의 사람들이 저에게 와서 물었습니다. "어째서 제가 기도하고 있는 그 사람은 구원을 받지 못하고 있을까요? 나는 그들을 위해서 20년 이상 기도를 해오고 있는데 아직도 하나님께서 나의 기도에 응답을 해주지 않았어요!" 얼마나 유감스런 태도입니까! 만일 제가 하나님이라면 찰싹 한 대 때려주고 싶습니다! 당신의 믿음으로 다른 사람을 구원받게 할 수 없습니다.

> 이르되 주 예수를 믿으라 그리하면 너와 네 집이 구원을 받으리라 하고　　　　　　　　　　　　　　사도행전 16:31

빌립보 간수 이야기 가운데 나오는 이 구절은 보통 이렇게 가르치고 있습니다. "당신의 친척들, 당신의 전 가족들의 구원을 주장하라." 당신은 다른 사람의 구원을 "주장할" 수 없습니다. 이 구절은 그런 뜻이 아닙니다. "주 예수를 믿으라. 그리하면 네가 구원을 받을 것이다. 네 집도, 믿으면 구원을 받을 것이다. 그건 누구에게나 역사할 것이다!" 이렇게 말하고 있는 구절입니다.

만일 다른 사람의 구원을 "주장"하여 실제로 역사가 일어난다면, 다른 것을 가르칠 필요가 없이 이 한 가지만 집중하면 되지 않겠습니까? 모든 친척들의 구원을 "주장"하는 교회를 조직하는 것이겠지요. 그 다음 모든 친척들이 구원을 받으면 즉시 그들을 인도하여 그들의 모든 친척들의 구원도 또한 "주장"하게 하는 것입니다. 만일 이게 사실이라면 우리는 온 세상을 "주장하여" 순식간에 세계복음화를 이룰 것입니다! 이렇게 될 수가 없는 이유는 각 사람이 개인적으로 그리스도를 믿어야 하기 때문입니다!

> 너희가 거듭난 것은 썩어질 씨로 된 것이 아니요 썩지 아니할 씨로 된 것이니 살아 있고 항상 있는 하나님의 말씀으로 되었느니라　　　　　　　　　　　　　　　　베드로전서 1:23

하나님의 말씀의 씨가 먼저 사람의 마음에 심어져야만 거듭날 수가 있습니다. 먼저 말씀이 들어가지 아니하면 구원은 잉태될 수가 없습니다.

현재, 밖에 나가 하나님의 말씀의 씨를 사람들의 마음에 심기보다는 골방에 들어앉아 중보기도하며 다른 사람의 구원을 "주장"하는 사람들이 더 많습니다. 형제자매 여러분, 이건 정말 아닙니다!

신약의 모델이 없음

예수님께서는 오늘날 실행되고 있는 "기도 용사들"과 "중보자들"을 조직하신 적이 한 번도 없으셨습니다. 예수님께서는 "근거지를 마련하기 위해" 한 도시를 향해 "중보기도하고 영적 전쟁을 하려고" 제자들을 내보낸 적이 한 번도 없으셨습니다. 그 당시 그들에게는 라디오도 텔레비전도 신문도 인터넷도 없었기 때문에 예수님께서는 그가 오신다는 것을 알리기 위해 미리 제자들을 보내시긴 했습니다. 이 제자들이 예수님이 행하신 기적에 대해 소식을 전파하긴 했지만 예수님께서 "기도 용사들"이나 "중보자들"을 임명한 적은 한 번도 없었습니다. 그런 일들에 대한 성경적인 신약의 모델은 전혀 없습니다.

바울 역시도 자신을 위한 "중보자들"을 두지 않았습니다! 그의 친구들에게 자신을 위해 기도해 달라고 부탁은 했지만, 그의 손을 받쳐줄 "기도 용사들"을 조직한 적이 없었습니다. 사람들이 늘 저에게 질문하는 것이 있습니다. "당신의 중보자들은 누구입니까?" 솔직히 말하면 저도 모릅니다! 저의 후원자들과 친구들이 대부분 저를 위해서 기도해 주신다고 믿고 있습니다. (그분들에게 진심으로 감사를 드립니다.) 하지만 오늘날 일반적으로 일컫는 그런 "중보자들"은 저에게 없습니다. 세상을 변화시킨 성경의 어떤 인물도 "기도 용사들"을 두지 않았습니다. 그것은 우리 시대에 새로 생겨난 것이며 어리석은 일입니다!

이 모든 것의 배후에 깔려 있는 논리는 어떤 영역들을 붙잡고 있는 귀신의 세력들이 존재한다는 것입니다. 그 지역에 들어가서 복음을 전하기 전에 먼저 "강한 자"가 결박되고 그의 세력들이 깨뜨려져야 한다는 주장입니다. 이 말이 "신령한" 것처럼 들릴 수도 있겠지만 예수님께서는 그런 식으로 하지 않으셨고 바울 역시도 그렇게 하지 않았습니다. 제가 지금 오늘날 세상에 귀신의 세력이 역사한다는 사실에 이의를 제기하는 것입니까? 아닙니다! 저는 귀신이 사람들에게서 나오는 것을 보았습니다. 또한 귀신의 세력이 도시를 장악하고 있다는 것도 충분히 알고 있습니다.

귀신들은 심지어 교회의 예배 가운데도 들어와 있습니다! 이렇게 말하는 사람이 있을지 모릅니다. "글쎄요, 귀신들이 있어선 안 되지요. 보혈을 뿌려 못 들어오게 해야 합니다!" 당신은 그렇게 할 수 없습니다! 사탄은 예수님과 함께 한 최후의 만찬에도 참여하였습니다. 주님께서 떡 한 조각을 적셔 유다에게 준 후에 마귀가 그의 속으로 들어갔습니다. 만일 그리스도께서 사탄을 그의 만찬 자리에 들어오지 못하게 할 수 없었다면 당신이 무슨 수로 그렇게 할 수 있다는 겁니까?

거의 미신에 가까운 생각들

제가 한번은 문간과 출입문과 창문까지 "보혈로 덮었다"는 교회를 방문하였습니다. 설교자가 이렇게 선포하였습니다. "만일 마귀가 이 집회장 안에 들어왔다면 그는 '구원받은 마귀'여야 합니다. 왜냐고요? 그는 보혈을 통과했었을 것이니까요!" 이거야 말로 종교적인 어리석음이 아니고 뭡니까! 그리스도인들만이 그런 말도 안 되는 것에 속아 넘어갈 것입니다. 불신자들은 이런 데 속아 넘어가지 않습니다. 오늘날 교회에서 행해지는 이런 요상한 것들을 믿으려면 미신적인 생각을 가져야만 할 것입니다!

하나님의 말씀은 "귀신에 눌린 것oppressed"과 "귀신에게 소유 된possessed"의 차이에 대해 말씀하지 않습니다. 헬라어로는 단순히 "귀신 들림demonized"이라고 합니다. 만일 당신이 우울하다면 당신은 귀신 들린 것입니다. 사탄이 당신을 혼란스럽게 하고 있는 것입니다. 많은 질병들 또한 귀신과 관계가 있습니다. 대부분의 신자들은 끊임없이 그들을 괴롭히고 시달리게 하는 악한 영의 영향을 받고 있습니다. 만일 모든 귀신들이 정말로 결박당하여 교회 예배에 들어오지 못한다면 예배당에 남아 있을 사람이 하나도 없을 것입니다!

사람들은 이렇게 말합니다. "만일 정말로 악한 영들을 교회 예배에 들어오지 못하게 하려면 이 지역 모든 믿는 자들을 다 모아 대형 집회로 함께 모여야 합니다. 반경 5마일 이내의 모든 귀신들을 결박하면 우리의 연합된 믿음을 사용하여 우리의 영역을 넓혀 갈 수 있을 것입니다. 그 다음에는 더 멀리 나가 그 지역을 복음으로 공격하여 모든 사람들이 거듭나고 성령 충만을 받게 할 것입니다. 그 다음에는 그 사람들과 마음을 같이 하여 모든 귀신들을 결박하면 이 도시에서 모든 귀신을 몰아낼 수 있을 것입니다. 일단 도시 전체가 구원을 받게 되면 우리 주(州)에 있는 모든 귀신을 결박한 후에 그 다음에는 우리나라에 있는 모든 귀신들을 결박할 수 있을 것입니다!"

그런 식으로는 역사가 일어나지 않습니다! 당신은 기도를 통해 어떤 사람을 "주장하여" 그들의 의지와 상관없이 강제로 거듭나게 할 수 없습니다. 또한 그들의 의지와 상관없이 그 사람에게서 귀신을 쫓아낼 수도 없습니다. 그런데 이것이 "기도"라고 널리 전파되고 있는 것입니다. "누군가의 구원을 주장하고 그 사람 안에 있는 귀신을 결박하세요." 그러는 가운데 말씀은 전하지 않고 있는 것입니다!

디아나를 다루는 문제

한 사람의 인생이 변화되기 위해서는 하나님의 말씀이 임하여 그 사람의 마음속에 들어가야 한다는 것을 모르는 것입니다. 우리는 우리의 기도가 사람들을 구원받게 한다고 생각합니다. 그러니 그들이 반응을 보이지 않을 때 우리가 의아하게 생각하는 것입니다. "왜 하나님께서 저들을 구원하지 않으시나? 내가 지금까지 기도해 왔는데!" 당신은 그 사람이 구원받고 싶어 하지 않을 수도 있다는 사실을 고려해 본 적이 있습니까? 어쩌면 그들은 사실 그들의 죄를 즐기고 있을지도 모릅니다. 귀신의 속임수에 넘어가 그리스도인이 되는 것은 나쁜 일이라 믿고 있을지 모릅니다. 당신은 그들에게 진리를 말하여 그들의 불신앙을 반박해 본 적이 있습니까? 그들에게 하나님의 말씀의 진리를 말하는 것이 제대로 강조되지 않고 있습니다. 오히려 이런 식입니다. "모두가 하나님의 성령의 부어주심을 위해 기도하게 합시다. 그래야만 전도할 필요가 없을 테니까요. 그러면 우리는 밖에 나가 거절당할 일도 없을 것입니다. 그저 주님께 간구하여 주님께서 우리에게 하라고 하신 일을 주님이 하시도록 기도만 합시다!"

하나님은 그리스도의 몸인 교회를 수억만의 "중보자들"로 만들어 하나님께 그의 성령을 부어달라고 애걸하게 만드는 분이 아닙니다. 가서 죽은 자를 일으키고, 병든 자를 고치며, 진리를 말하는 이런 사역을 하는 단 열 명의 믿는 자들이, 하나님께서 이미 해놓으신 일을 하나님이 하시도록 간청하는 그 수억만의 사람들보다 선한 일을 더 많이 성취할 것입니다!

우리 단체가 있는 콜로라도 스프링스는 이런 "중보기도와 영적 전쟁"을 한다는 사람들이 많이 모여 있는 곳입니다. 대략 20,000명의 중보기도자들로 구성된 국제적인 단체가 "디아나Diana"라고 불리는 귀신을 "결박하기" 위해 에베소의 원형경기장에서 집회를 하기로 계획되고 있다는 소식을 들었습니다. 그들은 이것이 무슬림들을 묶어두는 영이라 믿고서 터키로 가서 집회를 하는 데

엄청난 돈을 썼습니다. 그들이 그곳에 가는 명시된 목표는 에베소 사람들의 디아나를 "무너뜨려서" 그 여신의 "지배"를 종식시켜 수많은 무슬림들이 예수님께 나아오도록 길을 열어준다는 것이었습니다.

바울이 이 "디아나" 문제를 다룰 때, 수많은 사람들이 에베소 신전에서 그 우상을 숭배하고자 정기적으로 모였습니다.(디아나는 주피터에게서 내려왔다고 알려진 신입니다.) 바울은 제자들에게 그 여신에 대항하여 기도하라거나 그를 결박하기 위해 찬양예배를 인도하라거나 "영적 전쟁" 혹은 "영적 지도 그리기"를 하라고 한 적이 한 번도 없었습니다. 그들은 하나님께서 마침내 역사하실 수 있도록 모든 갖가지 죄들을 회개하고 사람들에게 사과하기 위해 에베소의 역사를 살펴보지도 않았습니다.

바울과 그의 동역자들이 한 일은 무엇이었습니까? 그들은 아버지이신 하나님과 그분의 아들이신 주 예수 그리스도 이외에 다른 신은 없다는 진리를 전파하였습니다! 비교적 단시일에 "에베소 사람들의 디아나" 여신 숭배가 완전히 폐지될 운명에 놓였습니다. 누군가가 담대히 사람들에게 진리를 말했기 때문입니다. 그에 뒤따른 종교적, 정치적, 특히 경제적인 여파로 인해 바울은 거의 돌에 맞아 죽을 뻔하였습니다(행 19:23-41). 지금 제가 이 에베소 사람들의 디아나 여신 숭배 가운데 귀신의 세력이 역사하지 않았다고 주장하는 겁니까? 아닙니다. 저도 역사했었다고 믿습니다. 그러나 바울과 그의 동료들은 기도로 그것을 다루지 않았습니다. 그들은 담대하게 하나님의 말씀의 진리를 선포하여 성령의 능력이 사람들에게 나타나게 했습니다!

바울은 진리의 능력으로 에베소의 디아나를 진멸하였습니다. 디아나 여신은 그 뒤로 거의 2천 년 동안 아무런 역할도 하지 못하고 있었는데 마침내 "중보기도자들"이라는 사람들이 그 여신을 부활시킨 것입니다.

누가 누구를 데려왔나?

도시를 점령하는 귀신들은 어디서 그들의 능력을 끌어낼까요? 그들은 그들의 거짓말을 믿고 그에 따라 행동하는 사람들에게서 그 능력을 얻습니다! 악한 영들은 사람들의 의지와 상관없이 그들을 지배하거나 통제할 수 없습니다. 사람들이 귀신들의 거짓말을 믿고 그들의 사악한 욕망에 협력함으로써 귀신들에게 능력을 부여하는 것입니다.

흔히들 이렇게 말합니다. "동성애 영들이 샌프란시스코 지역을 지배하고 있다. 중보기도자들이 여기로 와서 이 귀신들의 세력을 결박해야 한다. 그래야만 사람들이 자유케 될 수 있으니까!" 누가 먼저 샌프란시스코로 왔을까요? 귀신들입니까 아니면 동성애자들입니까? 동성애를 지지하는 사람들이 정부의 관료로 선출되자 그들은 자신들에게 유리한 법을 통과시키기 시작했습니다(특별 세금

우대 조치, 복지, 결혼 수당, 사회적 지위 허용). 이로 인해 동성애자들이 샌프란시스코로 떼를 지어 몰려들었고 그들이 악한 영들을 몰고 왔습니다. 귀신들이 동성애자들을 불러들인 것이 아닙니다. 동성애자들이 귀신들을 불러들인 것입니다!

저는 샌프란시스코를 장악하고 있는 동성애라는 귀신의 세력의 실재를 의심하지 않습니다. 하지만 기도와 중보기도로 그들을 꾸짖는 것은 그들을 다루는 방법이 아닙니다! 동성애자들에게 사랑으로 진리를 말하고 그들이 거듭나도록 하십시오. 하나님께서는 사람을 아담과 이브로 창조하셨지, 아담과 스티브로 만들지 않았다는 것을 그들에게 알려 주어야 합니다. 그들이 자유케 되면 동성애 귀신들은 떠나야 할 것입니다.

제가 주장하는 논리로 인해 심기가 불편하시다는 것을 압니다! 당신은 할 수 있는 한 최선을 다해 하나님을 사랑하는 신실한 사람입니다. 하지만 당신은 제가 앞서 묘사한 것들을 받아들였습니다. 당신이 완전히 잘못되었다고 제가 말한다면 감정이 상하는 것이 당연하지요. 그러나 저는 당신의 기도에 있어서 이러한 잘못된 태도와 접근 방법을 깨닫고 근절시킬 수 있게 격려하는 것입니다. 당신이 모든 일에 신실한 사람이라면 잘못된 것에도 그럴 수 있습니다!

믿고, 가서, 행하라!

하나님은 당신을 사랑하십니다! 하나님은 또한 당신의 마음을 아셨기에 당신의 삶 속에서 그분이 하실 수 있는 한 최선을 다해 오셨습니다. 그러나 이제는 더 좋은 기도 방법이 있습니다!

다른 모든 쓰레기들을 치워버리고, 다음과 같이 기도함으로 하나님을 높이십시오. "아버지, 제가 이 나라를 사랑하는 것보다 하나님께서 이 나라를 훨씬 더 사랑하시니 감사합니다. 제가 하나님으로 하여금 제가 사랑하는 것만큼 아버지께서도 사람들을 사랑하게 해야 한다고 생각했던 것을 용서해 주십시오. 저의 오만함과 독선적인 태도를 용서해 주십시오. 그리스도를 대신하여 하나님과 다른 사람 사이에 중보자가 되려고 한 것을 용서하여 주십시오. 이제는 그것이 진정 어떤 것인지 알고 회개합니다!

하나님께서 저의 가족과 친구들과 동역자들과 이웃들을 열정적으로 사랑하시는 것을 압니다. 그러기에 저 자신을 주님께서 사용하실 그릇으로 기꺼이 드립니다. 오늘 제가 주님의 말씀을 누구에게 선포하기 원하시는지 알려 주십시오. 저에게 지혜를 주십시오. 그러면 아버지의 진리와 사랑을 담대하게 선포하겠습니다! 좋으신 아버지, 감사합니다! 아멘."

자, 이제 믿음의 한 걸음을 내딛으시고 그 골방에서 나오십시오. 성령께서 인도해 주실 것입니다. 하지만 실제로 믿고, 가서, 행하는 것은 당신에게 달려 있습니다!

제 11 장

지옥 길을 막는 장애물

구원받지 못한 사람을 위해 효과적으로 기도하기 위한 몇 가지 성경적인 제안을 드리고 싶습니다.

하나님의 말씀은 불신자의 삶에 귀신의 속임수가 있음을 밝혀 줍니다.

> 그 중에 이 세상의 신이 믿지 아니하는 자들의 마음을 혼미하게 하여 그리스도의 영광의 복음의 광채가 비치지 못하게 함이니 그리스도는 하나님의 형상이니라 고린도후서 4:4

이 진리를 따라, 먼저 하나님을 찬양하는 것으로 시작하고 그들의 혼미함을 결박하기 위해 다음과 같이 기도하십시오. "아버지, 주께서는 아무도 멸망하지 않고 다 회개하여 하나님을 알게 되기를 원하십니다(벧후 3:9). 제가 이 사람을 사랑하는 것보다 주님이 더 많이 사랑하십니다. 그러니 저는 애걸할 필요가 없습니다. 그들을 사랑해 주시니 감사합니다. 귀신의 속임수가 개입되어 있음을 알기에 제가 예수의 이름으로 이 혼미함을 결박합니다!" 이 기도가 혼미함을 완전히 제거하지는 않지만 일시적으로 사라지게 할 수 있습니다. 당신이 기도해 주는 그 사람은 자신의 삶에 당신보다 더 많은 주도권을 가지고 있습니다만 만일 그들이 미혹되어 있다면 당신이 그것을 깨뜨리십시오!

기도의 무효화

그 불신자에게 당신의 기도를 무효화시킬 권리가 있기 때문에 당신은 여러 번 기도해야 할지도 모릅니다. 예를 들면 치유와 같이 자신을 위해 뭔가를 구할 때와는 다릅니다. 자신을 위해 기도할 때는 딱 한 번만 기도하면 됩니다. 만일 두 번 기도했다면 둘 중 하나는 믿지 않고 한 것이겠지요. 그렇지만 다른 사람이 구원받도록 기도하는 경우에는 그들에게 미혹이 역사할 수 있다는 것도 알아야 합니다. 당신이 그 미혹을 꾸짖어도 그 사람이 당신의 기도를 무효화시킬 수 있습니다. 주님께서 그들로 죄를 깨닫게 할 때 그들은 이런 생각을 할 수 있습니다. "어, 이게 뭐지? 웬일로 교회에 가서 성경공부도 하고 하나님과 교제를 하고 싶다는 생각이 들지? 마귀가 장난치는 게 틀림없어. 술 한 잔 더 마셔야지!" 그들이 성령의 깨우침에 등을 돌리면 그들은 당신의 기도를 무효화시킨 것입니다. 하나님께서 응답하시지 않은 게 아닙니다. 응답하셨지만 그들이 그것을 무효화시킨 것입니다. 그러므로 당신은 응답이 나타날 때까지 계속 기도해야 합니다. 하나님께서 응답하셨다는 것을 의심하지 말고 상대방이 당신의 기도를 무효화시키고 있다는 점을 깨달으십시오.

그들을 향해 혼미함과 속임수를 결박한 후에는 그들이 하나님의 말씀의 썩지 아니할 씨로 거듭나야 한다는 것을 기억하십시오(벧전 1:23). 마태복음 9장 38절 말씀으로 기도하십시오. "아버지, 저들에게 추수할 일꾼들을 보내 주소서. 저들은 주님의 말씀을 들어야 합니다. 그러므로 주님의 능력을 풀어놓으셔서 텔레비전, 라디오, 인터넷, 오디오 메시지, 책, 광고판 및 사람들을 통하여 주님의 말씀을 듣도록 제가 믿음으로 선포합니다. 성령 충만한 믿는 자를 바로 지금 그 술집으로 보내 주셔서 저들에게 사역을 하게 해주세요. 성령으로 불타오르는 그리스도인을 그 사람 옆자리로 보내 주셔서 주님의 말씀을 선포하게 해 주십시오."

하나님도 모든 방법으로 역사하기 원하시지만 하나님은 사람들을 통해 일하셔야 합니다. 그 일을 하기 위해서는 여기 이 땅에 인간의 몸을 가진 사람이 하나님께 필요합니다. 만일 그 불신자가 하나님을 그의 삶에 초청하려 하지 않는다면 그를 위해 기도할 사람이 필요합니다. 마치 하나님이 전혀 그들을 사랑하지 않는 것처럼 하나님께 간청할 사람이 필요한 것이 아닙니다. 그들에게 필요한 사람은 믿음으로 선포하여 진리가 풀어져 나오게 할 사람입니다!

여기까지 했다면, 이제 당신 자신을 추수할 일꾼으로 드리십시오! 당신이 할 수 있는 일을 다른 사람이 하게 해달라고 기도하지는 마십시오. 만일 당신이 불신자에게 말을 걸 수 있다면 그렇게 하십시오! 사랑 안에서 진리를 말하십시오. 그들은 말씀을 들어야 합니다. 그들을 자유케 하는 것은 진리의 말씀이기 때문입니다. 그들의 삶에 진리의 말씀을 선포하는 기도를 하십시오.

> 보혜사 곧 아버지께서 내 이름으로 보내실 성령 그가 너희에게 모든 것을 가르치고 내가 너희에게 말한 모든 것을 생각나게 하리라
> 요한복음 14:26

하나님은 모든 불신자들을 그들의 전 생애에 걸쳐 다루어 오셨습니다. 그분은 기회가 주어지는 대로 그들에게 여러 번 말씀하심으로써 그들의 지옥행 고속도로에 장애물들을 놓아두셨습니다. 그들이 전에 이미 받아들였던 것들이 생각나도록 기도하십시오. 어쩌면 어렸을 때 배운 성경말씀일지도 모릅니다. 그들이 좋아하는 축구 경기 중에 보인 현수막에 쓰인 요한복음 3장 16절 말씀일지 모릅니다. 성령께서 이런 말씀을(그들의 삶에 역사하는 "추수할 일꾼들") 생각나게 하실 때, 그들은 죄를 깨닫게 될 것입니다.

죄 사함

당신은 다른 사람의 죄에 대해 대신 용서를 받을 수 없지만 그들의 죄를 사할 수는 있습니다.

> 너희가 누구의 죄든지 사하면 사하여질 것이요 누구의 죄든지 그대로 두면 그대로 있으리라 하시니라   요한복음 20:23

죄 사함이란 죄의 결과에 관한 것입니다. 당신은 그 사람에 대해 죄를 멈추게 하거나 대신해서 용서를 빌 수는 없지만 죄의 부정적 결과를 다룰 수는 있습니다.

만일 그 사람이 성적으로 부도덕한 삶을 살고 있다면 여러 가지 종류의 성병에 노출될 수가 있을 것입니다. 이렇게 기도할 수 있겠죠. "아버지, 그들이 지은 죄에 대해서 그들이 주님의 용서를 받아야 하지만 요한복음 20장 23절 말씀에 따라 그 죄의 부정적인 결과를 막습니다. 사탄아 그들이 문을 열어주긴 했지만 너는 그들에게 성병을 주지 못할 것이다. 나는 에이즈를 꾸짖는다. 예수의 이름으로 그들은 에이즈에 걸리지 않을 것이다!"

당신의 기도가 어느 정도 그들을 보호해 주겠지만 역시 그들이 그 기도를 무효화시킬 수 있습니다. 만일 그들이 무효화시킨다면 당신은 내일 또 다시 그 기도를 해야 할 것입니다. 그들이 반응을 보일 때까지 계속 하나님의 능력과 보호가 그들의 삶에 흘러 들어가게 하십시오. 궁극적으로 당신이 그들로 하여금 주님을 영접하게 할 수는 없어도 하나님의 능력을 그들의 삶에 흘러 들어가게 함으로써 그들에게 긍정적인 영적 압박을 가할 수는 있습니다.

완전한 중보자이신 예수님께서도 그분의 믿음만으로는 사람들을 설득시키거나 자유케 할 수 없었습니다.

> 예루살렘아 예루살렘아 선지자들을 죽이고 네게 파송된 자들을 돌로 치는 자여 암탉이 그 새끼를 날개 아래에 모음같이 내가 네 자녀를 모으려 한 일이 몇 번이더냐 그러나 너희가 원하지 아니하였도다　　　　　마태복음 23:37

"나는 여러 번 너희를 축복하고 섬기려고 하였지만 너희가 허락하지 않았다!" 당신이 할 수 있는 일이란 하나님의 능력이 당신을 통해 흘러 들어가서 그들을 만지는 통로가 되는 것입니다. 결국 그들이 스스로 주님을 선택해야 하기 때문입니다.

바울은 고린도전서 7장 16절에서 이 진리를 되풀이하였습니다.

> 아내 된 자여 네가 남편을 구원할는지 어찌 알 수 있으며 남편 된 자여 네가 네 아내를 구원할는지 어찌 알 수 있으리오

당신의 믿지 않는 배우자를 그냥 내버려두지 마십시오! 당신의

영향력이 그들을 설득하여 구원받게 할지 어찌 알겠습니까? 만일 당신이 계속 그들을 사랑하며 기도한다면 그들이 주님을 영접할지도 모를 일입니다. 당신이 배우자의 구원을 "주장"하거나 억지로 구원받게 할 수는 없지만 하나님께서는 당신을 사용하여 그들이 죄를 깨닫게 할 것입니다. 그들은 당신을 통해 진리를 보고 듣게 될 것입니다. 그러나 지옥에 갈 것이냐 말 것이냐를 선택해야 할 사람은 그들 자신입니다. 하나님께서는 아무도 강제로 그분의 아들을 영접하게 하지 않으시기 때문입니다.

신성한 소를 구어 버리다!

기도가 무엇인지를 가르치기 전에 우리 주 예수 그리스도께서는 기도가 아닌 것이 무엇인지를 밝히느라고 꽤 많은 시간을 보내셨습니다. 제가 지금까지 이 책에서 그 내용을 다루어왔습니다! 저는 좀 더 공손하고 친절하고 부드럽게 전하려고 했었지만 오늘날 그리스도의 몸인 교회 안에 기도에 관하여 이 기이하고 왜곡된 것들에 관해 주님께서 이렇게 말씀하셨습니다. "그것을 없앨 쉬운 길이 없으니 아예 멸절시켜 버리라!"

다른 나라에서 사역할 때면 그 나라의 종교적 문화에서 저 자신을 분리시키는 것이 얼마나 중요한가를 발견합니다. 아직 기독교 복음이 강하지 않은 인도 북부에서는 기독교를 나타내는 여러 가지 종교적인 표현들이 있지만 그곳에서 우세한 종교인 힌두교나 별반 다름없이 얼마나 이교적이고 불경건한지 모릅니다. 제가 그곳에 있을 때 사람들이 크리슈나와 부처와 예수의 작은 입상들이 같이 앉아 있는 사당에서 예배를 드리고 있는 것을 보았습니다. 인도에서는 말 그대로 수백만의 신들을 섬기고 있기 때문에 많은 사람들이 예수를 쉽게 "영접"하는데 그 이유는 단지 또 하나의 다른 신을 빠뜨리고 싶지 않기 때문입니다. 이와 같은 이교 문화권에서 사역할 때, 저는 기독교를 전하기 전에 참된 기독교가 아닌 것들과 거리를 두기 위해 애씁니다.

서양에도 역시 기독교를 나타내는 종교적 표현들이 많습니다. 우리가 그 안에서 자랐기 때문에 우리에게는 명확하지 않을지 모르지만 잘못된 것들이 있습니다. 이러한 태도와 잘못된 개념들 중에 더러는 심지어 은사주의 계열Charismatic circle(1960년경 미국에서 시작되었으며 성령 세례를 인정하고 방언과 성령의 각종 은사를 믿는 부류역자주)에까지 들어왔습니다. 진정한 유익은 거의 경험하지 못하면서도 인간의 노력만 늘어가고 있습니다. 이러한 실상에 비추어볼 때 뭔가가 잘못된 게 틀림없습니다!

지금까지 저는 잘못된 것을 반박하는 작업을 했습니다. 자, 이제 모든 '신성한 소Holy Cow: 이치에 맞지 않으나 신성시되고 있는 개념들'들은 몽땅 구워 버려 오늘날의 종교적인 문화를 지적했으니 이제는 진짜 기도가 무엇인지 알아봅시다!

제 12 장

기도의 첫째 목적

기도는 하나님과의 사귐communion입니다. 그것은 하나님과의 교제fellowship이며 관계relationship, 그리고 친밀함intimacy입니다. 기도는 대화입니다. 그것은 일방적인 독백monologue이 아니라 쌍방 간의 대화dialogue입니다. 기도는 말하고 또 듣는 것입니다. 제가 기도하는 시간의 95%는 주님께 감사하고 주님을 사랑하고 찬양하며 그분을 누리며 주님과 함께 시간을 보냅니다. 특별한 것이나 극적인 것이 없습니다. 기도의 대부분은 단순히 하나님과 이야기하는 것입니다!

저도 한때는 마귀를 대적해 권세를 행사하고 영적 전쟁을 하고 묶고 풀며 그로 인해 기적이 일어나는 것도 보곤 했었습니다. 하지만 이 모든 것은 전체적으로 제 기도 생활의 작은 일부에 지나지 않습니다. 그런데 이런 것들이 마치 아주 중요한 것인 듯 말하는 사람들이 많습니다! '기도는 하나님을 사랑하는 것'이라는 저의 설교를 들은 사람들은 즉시 이런 반응을 보입니다. "뭐야, 너무 간단하잖아. 다른 것들도 자주 해서 강력한 기도를 해야지!" 그러나 저는 그런 의견에 전혀 동의하지 않습니다.

오늘날 기도에 관한 가르침의 대부분은 하나님께 어떻게 구해서 받아내느냐에 중점을 두고 있습니다. 모두가 기도 응답을 받아내는 것에 대한 이야기이고, 정말로 영적인 사람의 경우도 다른 사람을 위한 응답을 어떻게 받아내느냐, 즉 중보기도에 대한 것뿐입니다. 당신의 필요가 채워지도록 구하는 것이 맞긴 하지만 (요 16:24) 그것은 기도 생활의 아주 작은 부분에 지나지 않아야 합니다. 당신의 기도가 거기에 집중되어 있습니까? 그래서 당신의 기도가 별 효과가 없는 것입니다. 구하고 받는 것은 기도의 목적 중 한 가지이지 절대 유일한 목적이 아닙니다. 하나님은 당신의 필요를 채우기 원하시지만 하나님으로부터 뭔가를 받으려고 구하는 것이 당신의 기도 생활을 지배해서는 안 됩니다!

초자연적으로 더해짐!

만일 당신이 우선순위를 제대로 한다면, 즉 하나님을 사랑하고 경배하며 교제하는 것을 첫 번째 기도의 목적으로 삼는다면, 머지않아 당신은 더 이상 필요한 것이 많지 않음을 발견하게 될 것입니다! 먼저 하나님의 나라를 구할 때, 모든 것들이 그냥 초자연적으로 당신에게 더하여집니다.

> 그러므로 내가 너희에게 이르노니 목숨을 위하여 무엇을 먹을까 무엇을 마실까 몸을 위하여 무엇을 입을까 염려하지 말라 목숨이 음식보다 중하지 아니하며 몸이 의복보다 중하지 아니하냐
> 마태복음 6:25

불신자들은 음식, 옷, 집 등을 추구하느라 완전히 정신이 사로잡혀 있습니다. 그러나 믿는 자들은 그렇게 살아서는 안 됩니다. 그런 육신적인 것들에 대해서는 하나님께서 당신의 필요를 충분히 알고 계십니다. 그래서 "먼저 하나님의 나라와 그의 의를 구하라"고 명령하신 것입니다. 당신이 그렇게 할 때 "이 모든 것이 당신에게 더하여질 것입니다."(마 6:33)

열정적으로 하나님을 사랑하면 당신이 자기 스스로를 돌보는 것보다 하나님께서 더 잘 – 초자연적으로 – 당신을 돌보아주십니다!

삶의 목적이 하나님을 사랑하는 것이 될 때 당신의 삶에 역사하는 공급의 흐름에 긍정적으로 영향을 미치는 강력한 영적 힘을 풀어놓게 됩니다. 대부분의 사람들은 이 진리를 잘 이해하지 못합니다. 이 진리가 자신들이 경험하는 세계에서는 너무 생소한 말이기 때문입니다. 이 말은 당신이 가족이나 직업을 삶의 중심으로 삼고 하나님을 사랑하는 것을 부수적인 것으로 삼는다든지 혹은 단지 하나님을 당신의 삶에 "또 다른 하나의 가치" 정도로 여기는 것을 말하는 게 아닙니다. 저는 하나님이 당신의 삶의 가

장 중심이 되고 당신이 그분께 완전히 집중해야 한다는 말씀을 드리고 있는 것입니다!

보통의 그리스도인들에게 주님은 그들의 바쁜 생활에 그저 하나 더 첨가되는 존재에 불과합니다. 그들의 초점은 돈을 벌고, 아이를 키우고, 자기 집을 관리하고, 의식주에 필요한 것들을 더 사고, 기타 많은 세상적인 활동을 하는 데 있습니다. 그리고 덤으로 그들은 하나님을 자신들의 삶에 여러 가지 요소 중 하나로 첨가하려고 하지, 하나님이 분명한 중심은 아닙니다. 재산을 늘려야 한다는 생각이 어깨를 누르고 있기 때문에 뼈 빠지게 일을 합니다. 매달 돈이 나가는 곳이 많아 그것을 막느라고 막중한 스트레스 가운데 있습니다.

그렇지만 하나님이 진정으로 당신의 삶의 중심이 되면 모든 일이 잘 돌아갑니다. 주님께서 초자연적으로 돌아가게 하십니다. 어떻게 돌아가는지 설명을 할 수는 없지만 그것이 하나님 나라의 원리입니다. 하나님께서 당신을 형통케 하실 때는 애쓰지 않아도 삶이 잘 돌아갑니다. 그런데 참으로 이런 하나님의 흐름 가운데 사는 그리스도인들을 거의 만나보지 못했습니다. 당신의 온 마음이 오직 "하나님, 저는 하나님을 사랑합니다!"가 되면, 하나님께는 일이 잘 돌아가게 하는 방법이 무수히 많다는 것을 알게 될 것입니다.

찬양은 관점을 변화시킨다

사람들은 저에게 말합니다. "앤드류, 당신은 웬만해서 화를 잘 내지 않는 것 같아요. 일이 잘못되어도 당황하질 않으시네요!" 사실입니다! 어제만 해도 새로 지을 우리 단체 건물에 대한 계약이 다시 수포로 돌아간 것 같았습니다. 그러나 저는 당황하지 않았습니다. 왜냐면 저는 하나님을 사랑하며 하나님께서 어떻게든 그것을 잘 해결해 주실 것을 알기 때문입니다. 그것은 단지 귀찮게 하고 방해하는 고통일 뿐입니다. 마귀가 할 수 있는 일이란 당신을 성나게 하는 것뿐이지 마귀는 어떤 것도 중단시킬 수 없습니다. 일이 잘 안돌아간다는 얘길 듣고 나서, 뜬눈으로 밤을 새며 천국을 침노해도 아무 소용이 없을 것을 알았기에 저는 바로 자 버렸습니다. 그런 것 때문에 제 삶이 영향 받을 수는 없는 일이니까요! 오늘 저는 일이 잘 풀렸다는 보고를 받았으며 우리는 다시 정상으로 돌아왔습니다. 할렐루야!

당신이 하나님을 찬양함으로 그분을 삶의 첫 번째 자리에 둘 때 당신의 관점이 변화됩니다! 당신이 가지고 있는 염려들이 더 이상 문제가 되지 않습니다. 만왕의 왕, 만주의 주님과 시간을 함께 보낼 때 그분의 태도가 당신의 태도가 됩니다. 당신이 생각하는 방식이 그분의 영향력으로 인해 전부 변화되는 것입니다. 심지어 다른 사람들에게는 몇 날, 몇 주, 심지어는 몇 년씩 기도하게 되는 문제가 당신에게는 전혀 문제가 되지 않습니다!

문제가 발생할 때 많은 사람들이 그 문제를 자신이 해결해야 한다고 생각합니다. 저는 제가 문제를 해결해야 된다고 생각하지 않습니다. 하나님이 제 모든 공급의 근원이십니다. 그래서 저의 초점을 계속 그분께 둡니다. 역경에 직면할 때면 저는 스텝들에게 이렇게 말합니다. "두고 보세요. 저는 먼저 하나님의 나라를 구할 것이며, 그러면 모든 것이 술술 풀릴 것입니다. 일이 정리된 후에 뒤를 돌아보며 우리는 이렇게 말하게 될 것입니다. '하나님께서 우리를 축복하셨구나! 얼마나 놀랍게 역사하셨는가!'"

"저는 한 번도 하나님께 돈을 구한 적이 없습니다!"

만일 당신이 하나님을 가장 중요하게 여기고 하나님을 사랑한다면 하나님께 돈을 구하느라 많은 시간을 허비할 필요가 없을 것입니다. 초자연적인 하나님의 흐름이라는 것이 틀림없이 있습니다! 앤드류 워맥 미니스트리는 현재(2005년 여름) 매달 필요한 액수만 월 720,000 달러(대략 7억 6천만 원)입니다. 하루에 24,000 달러(대략 2천 5백만 원) 꼴입니다! 한 시간당 1,000 달러가 듭니다. 그것도 오래가지 못할 것입니다! 주님께서 저에게 머지않아 한 달에 백만 달러까지 필요하게 될 것이라 하셨습니다. 시간당 1,400 달러가 드는 격입니다! 그러나 저는 수십 년간 주님께 돈을 구한 적이 없습니다.

저는 절대 하나님께 돈을 구하지 않습니다. 수입을 늘려달라고 하나님께 기도하지도 않습니다. 다만 이렇게 말합니다. "하나님, 돈이 더 필요한 것을 보니 제 포부가 너무 작았나 봐요. 더 큰 비전을 가져야겠어요!" 그런 다음 저는 하나님께서 저의 필요를 채우신다고 약속하신 말씀들을 묵상하지, 하나님께 돈을 더 달라고 기도하거나 하나님을 밀고 당기며 조르고 애걸하지 않습니다.

우리 단체가 재정적인 한계에 부딪치게 되면 저는 아무것도 육신적으로 하지 않겠다고 다짐을 합니다. 일단 하나님께서 저에게 하라고 하신 일을 제가 하고 있다는 확신이 들면 저는 하나님이 공급의 근원이시라고 저 자신을 격려하기 시작합니다. 저는 저 자신에게 "하나님은 신실하신 분이야!"라고 말합니다. 저는 성경 구절을 사용하여 저 자신에게 설교를 하기도 하지만 하나님께 돈을 구하지는 않습니다.

이렇게 하는 것이 당신에게는 이상하게 보일지도 모르지만 하나님의 말씀은 이렇게 말합니다. "먼저 하나님의 나라를 구하라 그리하면 이 모든 것을 너희에게 더하시리라!" 저는 주님께 한 푼도 구하지 않고 수십 년을 지내왔습니다. 하지만 하나님은 우리 단체를 이전보다 더 많이 축복하고 계십니다. 제가 구하고 애걸하는 것보다 훨씬 더 잘 돌아가고 있습니다. 기도할 때 저는 단지 이렇게 말합니다. "아버지, 저는 아버지를 사랑합니다! 당신이 제 삶의 중심입니다." 만일 당신이 정말로 하나님을 경배하고 하나님과 교제한다면 하나님께서 당신에게 필요한 모든 것을 초자연적으로 더하여 주실 것입니다. 당신은 "가난을 결박"하고 그 밖의 모든 것들을 결박하는 방법을 구태여 알 필요가 없을 것입니다. 왜냐하면 당신이 그동안 애를 써서 이루어 냈던 것보다 저절로 이루어지는 일이 전보다 훨씬 더 좋은 결과를 가져다줄 것이기 때문입니다!

복을 받는가 아니면 스트레스를 받는가?

계속해서 하나님의 임재 안에 있으면서 하나님을 사랑하고 경배한다면 스트레스가 당신 삶에 들어오지 못할 것입니다. 저는 스트레스가 전혀 없습니다. 복을 너무 많이 받아 스트레스를 받을 자리가 없습니다! 어떤 일도 저를 짜증나게 할 수 없는 이유는 어떤 일에도 그럴 만한 가치가 없기 때문입니다. 사람들이 저를 비난하기도 하고 온갖 나쁜 말을 하지만 그 어느 누구도 제 머릿속에 들어올 수 없습니다! 저에게는 그들이 비난했던 것을 생각할 시간이 없으며 생각해야 할 더 중요한 일들이 있습니다. 하나님께서 저의 마음속에 넣어주신 비전을 이루는 것에 비하면, 타인의 비판은 저에게 별로 중요하지 않습니다. 저는 그 사람들을 사랑하지만 저에게는 그들보다도, 저 자신보다도 그리고 저에 대한 사람들의 의견보다도 더 중요한 것이 있습니다. 사람들이 저를 비판할 때에도 저는 하나님을 사랑하는 것에 다시 초점을 맞춥니다. 저는 이렇게 기도할 필요가 없습니다. "아버지, 저들이 저에 대해 말하는 것을 들으셨지요?" 저는 먼저 하나님의 나라와 의를 구하기 때문에 그런 것들은 아무 상관이 없습니다. 저는 부담을 갖거나, 우울해하거나, 낙심하지 않습니다. 저는 하나님을 구합니다. 그래서 행복한 사람입니다. 정말로 저는 행복합니다!

"글쎄요, 그것은 당신에게 아무 문제가 없기 때문이겠죠!" 저도 여느 사람들처럼 문제가 있습니다! 사실, 사역자가 다른 사람들보다 문제가 더 많은데 그 이유는 그들이 영적 공격의 과녁이 되기 때문입니다. 마귀는 온갖 것들로 설교자들에게 타격을 가합니다. 저에게도 굉장히 나쁜 일들이 많이 있었기 때문에 어느 누구 못지않게 걱정하고 앉아 있을 수도 있었겠지요. 그러나 이 찬송가사를 한번 들어보세요. "눈을 들어 예수를 바라보라 그의 놀라운 얼굴을 바라보라 그러면 그의 영광과 은혜의 빛 가운데 이 땅의 것들은 점점 희미해질 테니." 하나님의 영광의 광채를 들여다보면 눈이 부셔서 다른 것들은 안 보이게 됩니다. 다른 사람들이 가지고 있는 염려와 걱정거리들이 저에게는 없습니다. 그들이 보는 것을 저는 보지 못하기 때문입니다. 이렇게 되는 한 가지 이유는 제 기도 생활의 99%가 "아버지, 저는 아버지를 사랑합니다. 아버지는 멋지십니다!"이기 때문입니다. 저는 그저 하나님과 교제하며 이야기를 나눌 뿐이며, 바로 그것이 기도의 전부입니다. 저는 정말로 주님께 많은 것을 구하지 않습니다.

기름을 부으셨다!

저는 절대 집회를 위해서 기도하지 않습니다. 많은 사역자들이 "악한 영들을 정리"하기 위해 중보기도자들을 괴롭히고 수고하게 만듭니다. 그들은 하나님께 사람들을 오게 해달라면서 애걸을 합니다. "오, 주님의 기름부음이 그곳에 넘치게 하옵소서!"

그건 하나님에 대한 모욕입니다!

만일 주님께서 그분의 말씀 사역자로 저를 부르시고서 그 일을 잘하기 위해 저에게 필요한 것들을 안 주신다면 그분은 불의한 하나님이 됩니다. 예수님께서 선포하셨습니다.

주의 성령이 내게 임하셨으니 이는 … 내게 기름을 부으시고
[과거시제 – 이미 부으셨다저자 삽입]　　　　누가복음 4:18

저는 절대 하나님께 기름을 부어 달라고 기도하지 않습니다. 하나님의 말씀에 이미 기름을 부으셨다고 말씀하고 있기 때문입니다(요일 2:20). 저는 이렇게 기도합니다. "아버지, 주께서 저의 마음에 말씀하신 진리를 제가 말할 것이기 때문에 집회가 훌륭하게 진행될 것으로 인하여 감사를 드립니다." 하나님의 말씀에는 이미 기름부으심이 충만합니다!

저보다도 주님께서 훨씬 더 사람들의 삶을 변화시키고 싶어 하십니다. 저는 주님께 계속되는 집회에 관심 가져달라고 구할 필요

가 없습니다. 주님께서 이미 관심을 갖고 계십니다. 저는 주님이 관심 가지시는 만큼 저도 그 집회에 관심을 가지려고 노력합니다. 기도할 때 저는 저 자신에게 상기시킵니다. "하나님, 당신은 이 사람들을 사랑하시며 그들이 자유케 되는 것을 보고 싶어 하십니다!" 저는 이런 식으로 제 자신을 격려하고 자신에게 말합니다.

청중의 규모가 많든 적든 그것이 저에게는 중요하지 않습니다. 제가 사역을 막 시작하고 2년간 가장 많이 모였던 것이 15명이었습니다! 일주일에 3일 밤을 저는 제이미(아내), 조슈아(큰아들) 그리고 우리와 함께 사역했던 부목사 부부에게 설교하였습니다. 이따금 이 외에 누가 오기도 했지만, 그건 저에게 중요하지 않았습니다. 저는 마음을 다 쏟아 설교하였습니다! 지금 그때를 돌아보니 좋은 훈련이었다는 생각이 듭니다. 저는 집회의 크기에 정말로 관심을 두지 않습니다. 10명에서 15명을 넘어서면 저는 그들을 군중이라고 생각합니다!

전전긍긍하기에 별로 중요하지 않은 일

마르다는 섬기는 일로 전전긍긍했지만, 마리아는 주님의 발아래 앉아 교제하며 말씀을 들었습니다. 마르다는 음식 준비로 분주했고 예수님이 동생에게 자기를 도와주라고 말해 주길 원했습니다. 그러나 예수님은 마리아가 지혜로운 선택을 했고 빼앗기지 아니할 것이라고 마르다에게 말씀하셨습니다(눅 10:38-42). 당신도 여전히 섬기는 일로 전전긍긍합니까, 아니면 지혜로운 편을 택하셨습니까?

기도는 일차적으로 하나님을 사랑하기 위한 것이지 당신의 필요를 채우기 위한 게 아닙니다. 당신의 쇼핑 카트를 끌고 천국의 복도를 왔다 갔다 하면서 "주시옵소서, 주시옵소서, 더 많이 주시옵소서!"라고 말하며 하나님께 나아가지는 마십시오. 대신 10분 동안 하나님께 사랑을 표현하십시오. 그러면 "내 문제가 뭐였더라?"라고 하며 이상하다고 생각할 것입니다. 문제가 이미 떠나버렸기 때문입니다.

당신이 하나님을 높이며 찬양할 때, 당신의 문제가 얼마나 하찮은 것인지를 발견하게 됩니다. "아버지, 아버지께 구할 게 있었는데 그게 뭔지 잊어버렸네요. 그것도 지나갈 일이니 사실 주님을 성가시게 할 가치도 없습니다. 별거 아닙니다!" 당신이 전전긍긍하며 염려하는 것의 90%는 중요하지 않은 것임을 알게 될 것입니다.

사람들은 하나님의 관심을 끌고 그분의 팔을 비틀어 쓸데없는 것들을 얻어내려고 기도를 사용합니다. 예를 들면 당신이 부흥회와 같은 집회에 참석할 때 사탄은 당신으로부터 말씀을 앗아가려고 일을 벌입니다. 집이나 자동차 또는 에어컨이나 화장실에 문제가 생기게 합니다. 당신은 이런 일에 전전긍긍하다가 그것을 해결하기 위해 당신의 믿음을 공격적으로 사용하기 시작합니다. 그러나 일주

일이 지나면 당신은 무엇 때문에 그렇게 신경을 썼는지 기억도 하지 못할 것입니다! 만일 당신이 일기를 쓴다면 일 년 후에 돌아볼 때, 이렇게 생각할 것입니다. '별것도 아닌 일이었군. 그런데 하나님께 그것 좀 도와 달라고 한 시간이나 기도하고 매달렸단 말인가!'

우리는 철없고 미성숙한 모습으로 하나님께 나갑니다! "아버지, 저 사람이 내 옷 보고 뭐라고 해요. 제 옷이 안 예쁘답니다!" 그런 게 무슨 상관입니까! "나는 몸이 지쳐서 꼼짝 못하겠어요. 하나님께서 치유하시기 전에는 한 발자국도 못가겠어요!" 당신의 몸도 그냥 질그릇일 뿐입니다. 극복하세요! 그렇다면 하나님은 그런 것들에 관심이 없으십니까? 관심이 있으십니다. 하지만 만일 당신이 하나님을 사랑하는 일에 주의를 집중한다면 그런 것들은 정말로 그리 중요하지 않다는 것을 알게 될 것입니다. 당신의 생각과 애정을 주님께 집중한다면 그동안 애를 써서 이루어 냈던 것보다 저절로 이루어지는 일이 전보다 훨씬 더 좋은 결과를 가져다줄 것입니다!

제가 가는 곳마다 사람들은 기도를 받으려고 길게 줄을 서서 울먹거리며 저에게 나아옵니다. 저는 "뭐 때문에 그러세요?"라고 묻습니다. 대답을 들은 후에는 정말 웃음이 터져 나오는 것을 참느라고 입술을 깨물어야 할 때가 한두 번이 아니었습니다. 제 속에서는 이런 의문이 듭니다. '그게 정말로 당신을 울게 하는 문제입니까? 저에게는 그보다 더 나쁜 일이 일어났었는데 그날이 다른 날에 비해서는 비교적 좋은 날이었습니다!'

하나님을 사랑하기

　당신이 하나님의 임재 안에 들어가 하나님을 사랑하고 경배하는 것을 기도의 주된 목적으로 삼을 때 당신의 삶은 안정될 것입니다. 완전히 새로운 관점을 갖게 될 것입니다. 하나님을 사랑하지 않고 경배하지 않는 사람들과는 다르게 생각할 것입니다. 만일 당신이 뭘 달라고 구하는 일을 그만두고 그저 하나님을 사랑하기 시작한다면 삶의 모든 것이 호전되는 것을 경험하게 될 것입니다. 물론 주님께서 "구하라 그러면 받으리라"라고 분명히 말씀하셨습니다. 하지만 그것은 기도의 전부가 아닙니다!

　기도는 단순히 하나님을 사랑하는 것입니다! "아버지, 아버지는 좋으신 하나님이십니다! 저는 주님을 경배합니다! 아버지는 멋지십니다!" 풍성하게 넘치는 찬양과 감사로 하나님의 임재 안으로 들어가십시오. 찬송과 경배 또한 기도의 큰 부분이 되어야 합니다. 그런데 대부분의 사람들은 하나님께 찬송과 감사를 너무 짧게 하고 맙니다. 그들의 기도는 취하고 받는 것으로 가득합니다. "하나님, 나는 하나님께 드릴 게 없지만 이것도 필요하고 저것도 필요해요. 빨리 보내주세요!" 하나님을 사랑하고 하나님과 교제하는 것이 당신의 첫째가는 기도의 목적이 아니라면 당신은 진정한 기독교 신앙이 무엇인지를 놓치고 있는 것입니다!

제 13 장

친밀함: 구원의 핵심

하나님이 세상을 이처럼 사랑하사 독생자를 주셨으니 이는
그를 믿는 자마다 멸망하지 않고 영생을 얻게 하려 하심이라
요한복음 3:16

대부분의 그리스도인들은 요한복음 3장 16절 말씀에 너무도 익숙해진 나머지 실제로는 그 말씀이 무엇을 말하고 있는지 잘 모릅니다! 종종은 이렇게 선언하는 말씀으로 사용됩니다. "하나님께서 오셔서 당신의 죄를 용서하신 것은 당신이 거듭나서 지옥을 면할 수 있게 하기 위함입니다!" 그러나 좀 더 자세히 보면 "멸망하지 않고"는 진정한 구원의 목표가 아닙니다. 영생이 목표입니다!

불행히도 대부분의 사람들에게 영생은 그저 "천국에서 영원히 사는 것"을 뜻하는 종교적인 상투어에 지나지 않습니다. 그러나 영생의 참된 시작은 당신이 거듭나는 순간부터입니다(요 3:16).

그것은 미래시제가 아닌 현재시제의 실재입니다. 만일 당신이 믿는 자라면 영생은 바로 지금입니다!

친밀한 개인적 지식

영생이 무엇입니까? 그것을 시작하신 예수님께서 이렇게 정의하셨습니다.

> 영생은 곧 유일하신 참 하나님과 그가 보내신 자 예수 그리스도를 아는 것이니이다 요한복음 17:3

영생은 아버지 하나님과 그분의 아들 예수 그리스도를 아는 것입니다!

원어로 '안다' 라는 이 단어의 뜻은 일대일의 관계로 친밀하며 경험적으로 아는 지식을 말합니다. 그것은 단순히 "무엇에 대하여 아는 것"이 아닙니다. 당신이 어떤 것 혹은 어떤 사람에 대하여 어떤 사실들, 즉 그 사람과 얼굴을 맞대고 만나본 적은 없지만 어떤 유명한 사람의 이름과 출신지 및 생긴 모습을 아는 정도가 아닙니다. 요한복음 17장 3절에서 안다는 것은 성경적 의미에서 아는 것을 뜻합니다.(창세기 4장 1절에서 아담이 그의 아내 하와를 알았습니다. 그랬더니 하와가 잉태하여 아이를 낳았습니다.)

그것은 어떤 관계보다도 친밀한 관계를 말합니다! 예수 그리스도가 죽으신 것은 미래의 천국에서가 아니라, 지금 이 세상에서 우리로 하여금 그리스도와 아버지를 친밀히 알게 하기 위함이었습니다. 이것이 구원의 목적입니다!

교회는 "회개하시오. 그렇지 않으면 뜨거운 지옥불에 떨어집니다!"라든지 혹은 "지옥에 가면 안 되니 거듭나셔야 합니다!"라고 전함으로써 복음을 싸구려로 만들어 약화시켰으며 복음에서 핵심을 잘라버렸습니다. 그리스도를 영접하지 않은 자들이 지옥에 가는 것은 사실입니다. 그것만으로도 공격적인 전도에 우리의 생명을 내던질 충분한 이유가 됩니다. 그러나 그것은 복음의 참된 목적이 아니라고 성경이 알려줍니다.

예수님께서는 당신과 제가 그분을 친밀하고 가깝게 일대일의 관계로 사귈 수 있게 하시려고 그의 생명을 주셨습니다. 만일 당신이 받은 것이 죄를 용서받아 지옥에 가지 않는 것이 다라면 당신은 아직 구원의 참된 목적을 경험하지 못한 것입니다. 지옥에 가지 않는 것은 말로 다할 수 없는 유익이긴 하지만 그것은 복음의 핵심이 아닙니다! 만일 당신이 받은 것이 죄 용서뿐이라면 당신은 구원의 주된 목적을 놓친 것입니다.

완전한 구원이란 하나님과 너무 친밀해진 나머지 그분이 당신의 최고 좋은 친구가 되는 것입니다. 그분이 당신에게 가장 가까운 유일한 분입니다. 심지어 당신의 배우자와 아이들보다 더 실질적으로 가까운 분이십니다. 만일 당신이 아직 하나님과 이러한 관계를 경험하지 못하고 있다면 당신은 영생이 무엇인지를 놓치고 있는 것입니다.

그리스도가 오신 목적은 죄 때문이 아니었습니다. 죄는 단지 인간과 하나님 사이를 갈라놓는 장벽에 불과하였습니다. 예수님께서 십자가에서 우리의 죄를 담당하시고 그 장벽을 영원히 제거하셨습니다. 그러나 그분의 궁극적인 목적은 죄를 극복하는 것이 아니라 우리를 하나님과 일대일의 가깝고 친밀한 관계로 회복시키는 데 있었습니다. 이것이 예수님께서 우리에게 주시려고 했던 영생입니다.

굶주린 사자들과 불타는 화형주火刑柱

초대교회가 지금의 교회보다 훨씬 더 좋은 결과를 가졌던 이유는 그들이 바로 이 영생을 경험했기 때문입니다! 현대적인 미디어의 도움도 없는 상황에서 교육 받지 못한 하층민들이 세상을 바꾸어놓았던 것이지요. 처음 30년 동안 그들의 공격적인 전도 덕분에 복음은 당시에 전 세계라고 여겨졌던 곳으로 들불처럼 퍼져갔습니다. 그들은 어떻게 이런 엄청난 영향력을 발휘하게 되었을까요? 그들이 하나님과 누렸던 수준 높은 친밀함에는 전염성이 있었습니다!

제가 열여덟 살 때 어머니께서 저를 로마로 데려가주셨습니다.

저는 카타콤과 콜로세움, 그리고 원형 경기장(영화 벤허에 나오는 전차 경기장)을 둘러보았습니다. 원형 경기장에서 로마인들은 사람들을 화형주에서 불태워 죽이거나 사자에게 먹이로 던져 죽게 했습니다. 그들은 그리스도인들을 극도로 미워했기 때문에 그들의 무덤도 훼손하였습니다. 그래서 많은 신자들이 죽은 자들을 모셔다 소위 "카타콤"이라 일컫는 지하 통로에 매장하였던 것입니다.

제가 카타콤에서 읽은 묘비명 하나가 당시 청년이었던 저에게 깊은 영향을 주었습니다. "여기, 나의 아내와 6개월 된 딸이 누워 있습니다. 오늘 원형 경기장에서 하나님의 영광을 위하여 그들의 생명을 바쳤습니다!" 이 남자가 아내와 딸을 자랑스럽게 여기며 기뻐했던 것이 저에게 큰 울림으로 분명하게 전달되었습니다. 그의 아내와 딸은 하나님의 영광을 위하여 죽임을 당했던 것입니다!

산 채로 불태워지기 전에, 예리한 화형주가 신자들의 몸에 박힙니다. 말뚝에 찔려 고통 중에서도 이 그리스도인들이 부르는 환희의 노래 소리에 잔인한 네로 황제는 자기의 두 귀를 손가락으로 쑤셔 막고서 비명을 질렀다고 합니다. "맙소사, 왜 이 그리스도인들은 노래를 부르는 거야?" 당시 믿는 자들은 실제로 그 날 하나님의 영광을 위해 죽을 자로 뽑히는 영예를 얻으려고 서로 다투었다고 합니다. 오늘날 대부분의 서구 그리스도인들은 자기애와 두려움으로 가득 차 있기에 자기 목숨부터 챙길 것입니다!

한 명의 그리스도인이 죽임을 당할 때마다 일곱 명 정도의 로마인들이 스탠드에서 뛰쳐나가 함께 죽음을 맞이했다는 역사적 기록도 있습니다. 그들 역시도 즉시 사자들의 밥이 되거나 화형을 당했습니다. 이 그리스도인들은 자신들이 사랑하는 분을 위해 즐거이 죽을 때 그들의 얼굴에서 뿜어져 나오는 그 기쁨, 그 평안, 그 사랑에 말할 수 없는 자극과 충격을 받아 이 로마인들도 그리스도인들이 가졌던 주님과의 관계를 얻기 위해 자신의 생명을 버렸던 것입니다. 그것은 또한 원형 경기장에서의 일들이 멈추게 된 이유가 되기도 했습니다.

"하나님, 나의 필요를 채워주세요!"

오늘날 그와 같은 태도를 가진 그리스도인을 찾기란 하늘의 별 따기입니다! 대부분 신자들이 하나님과 갖는 관계는 너무도 피상적이고 자기중심적입니다. 그들의 끊임없는 외침은 "하나님, 나의 필요를 채워주세요!"입니다. '하나님께서 원하시는 것은 우리 모두가 순교자가 되는 것'이라는 말이 절대 아닙니다. 다만 우리의 초점이 명확히 재조정될 필요가 있다는 것입니다.

당신이 사랑과 경배와 감사의 태도가 충만한 마음으로 하나님을 먼저 구할 때, 하나님의 기쁨과 평안을 크게 경험하게 될 것이므로 설령 당신의 집이나 자동차를 압수당한다 할지라도 전혀 신경 쓰지 않게 될 것입니다. 당신은 이렇게 말할 것입니다. "그러라지 뭐. 하나님께서 나를 돌보실 텐데. 게다가 나에게는 저 천국에

거리마다 황금이 깔린 큰 집이 있어!" 만일 당신이 그런 태도를 가질 수 있다면 형통과 성공은 전혀 문제가 되지 않을 것입니다. 또한 자신의 필요를 놓고 기도하느라 많은 시간을 보낼 필요가 없을 것입니다!

구원은 우리의 필요만을 채우기 위해 저 높은 하늘 위에 계시는 우리의 크신 아버지를 바라볼 기회에 지나지 않는다고 해도 좋을 만큼 값싼 것이 되어버렸습니다. 대부분의 사람들, 특히 그저 심판만을 면하기 위해 주님께 나온 사람들은 이기적인 이유를 가지고 주님께 나옵니다.

우리는 사람들에게 하나님의 위대하심과 선하심과 은혜로우심을 말해 주어야 합니다. 하나님은 우리와 친밀한 관계를 가지시려고 우리가 받아야 할 죄와 심판과 형벌을 당신의 아들에게 담당하셨기에 더 이상 우리에게 진노하지 않으십니다. 그것이 하나님께서 우리를 얼마나 많이 사랑하시는가를 보여주는 것입니다! 만일 우리가 그것을 전한다면 로마인들이 스탠드에서 뛰쳐나와 그리스도인들 속으로 들어왔던 것처럼 사람들이 우리 가운데로 들어올 것입니다!

그렇지 않고, "회개하시오! 그렇지 않으면 불구덩이에 들어갑니다."라고 하면 사람들은 그저 그 지옥 불을 면할 "화재보험" 보듯이 하나님을 바라볼 것입니다. 새로 믿는 회심자들이 '정말로 지옥을 면했구나.'라고 확신하게 되면 대부분은 그 이상으로 하나님께 시간이나 노력을 드리지 않습니다. 그들은 그저 천국에

가게 하는 데 충분할 정도로만 주님을 섬기면서 "이 땅의 삶을 견디라."고 가르침을 받습니다.

믿음은 들음에서 나며 들음은 하나님의 말씀으로 말미암습니다. 사람들이 구원을 받아야 할 이유가, 지옥을 면한 다음 그들의 모든 필요를 채우기 위해 하나님을 이용하는 것이라고 가르침을 받게 되면 그것만이 그들이 믿음을 가지는 목적이 됩니다. 만일 그것이 목적이라면 그들은 그들이 필요한 것을 얻을 만큼만 하나님을 섬길 것입니다. 그렇게 되면 그들이 형통과 성공을 얻게 될 때 하나님을 잊게 됩니다. 많이 들어본 소리 아닙니까? 지금까지 그런 식으로 구원이 설교되어 왔습니다!

축복이 따라오는 자인가, 축복을 쫓아가는 자인가?

하나님께서는 당신을 너무너무 사랑하셔서 그분의 독생자를 주셨습니다! 하나님은 당신에게 진노하지 않으시고 당신이 상상할 수 있는 것보다 더 많이 당신과 친교하기를 원하십니다. 하나님은 당신이 지은 죄를 기억하지 않으시고 당신의 의롭고 거듭난 영을 통하여 당신을 보십니다. 전능하신 하나님은 당신을 사랑하시기 때문에 당신과 가까이 지내기를 원하십니다!

대부분의 믿는 자들이 이 진리를 모르기 때문에 하나님과 아주 친밀한 사귐을 누리지 못하고 있습니다. 그리스도인의 신앙생활

전체, 특히 기도는 다음과 같은 것으로 약화되어버렸습니다. "어떻게 하면 하나님으로 하여금 이것을 하시도록 만들 수 있을까? 어떻게 하면 하나님으로부터 그것을 받아낼 수 있을까? 어떻게 하면 하나님으로 하여금 저 사람들을 위해 이 일을 하시게 만들 수 있을까?" 우리는 진정한 목적대로 기도를 사용하지 않고 있습니다.

기도는 하나님과의 대화이며 교제입니다. "아버지, 저는 아버지를 사랑합니다." 그리고 하나님께서 "나도 너를 사랑한다!"라고 대답하시는 것을 듣는 것입니다. 하나님과 함께 시간을 보내며 마음으로 그분께 귀를 기울이고 그분의 즐거움을 느끼는 것입니다. 그렇게 할 때 당신은 달라고 구하는 데 많은 시간을 보낼 필요가 없습니다. 그런 것들은 그냥 초자연적으로 나타날 것이기 때문입니다.

하나님의 모든 축복은 우리에게 임하며 우리에게 이를 것이라고 말씀은 밝히고 있습니다(신 28:2). 그럼에도 불구하고 축복이 따라다니는 그리스도인을 별로 보지 못했습니다. 축복을 쫓아다니는 믿는 자들은 확실히 많습니다! 사람들은 저의 집회에 와서 혀를 내두르며 말합니다. "하나님께 뭔가 해달라고 하려고 이 집회에 또 참석했습니다." 그런 것은 이제 그만두고 하나님께 사랑을 표현하세요. "아버지, 죄송합니다. 저의 삶에 필요한 것들이 있지만 대단한 것들은 아닙니다. 저에게 필요한 가장 중요한 것은 그저 하나님을 사랑하고 하나님과 교제하며 하나님께서 저를 사랑하신다는 것을 아는 것입니다. 주님을 경배합니다!" 이렇게 하면 당신의 인생은 엄청나게 변화될 것입니다!

친밀함: 구원의 핵심

다른 한편 당신의 기도 생활의 95%가 필요한 것을 구하고 회개하고 울부짖으며 고함지르고 원망과 불평을 늘어놓고 의사의 말을 하나님께 전달하고 카드 값을 하나님께 알려 드리는 것이라면 그것은 고통스럽고 어려운 싸움입니다. 당신은 기독교 신앙이 무엇인지를 놓치고 있는 것입니다. 기독교 신앙은 하나님을 알고 하나님을 사랑하는 것입니다!

하나님은 당신을 원하신다!

하나님은 당신이 하는 일보다는 당신이 누구인가에 더 관심을 두십니다. 하나님은 당신의 섬김보다 당신과의 교제를 더 원하십니다. 그런데 교회는 "하나님을 위해서 일을 하라!"고 강조해 왔습니다. 우리가 일을 얼마나 잘 하고 있는가에 비례해서 하나님이 우리를 사랑해 주시고 받아 주신다고 생각해왔습니다. 우리는 한 존재로서의 사람human being이 아니라 우리가 하는 일로 정의 받는 사람human doing이 되어버렸습니다. 우리는 하나님께 빚을 졌다고 느끼기 때문에 의무감에서 하나님을 섬기려고 합니다. 이로 인해 "나는 하나님을 위해서 뭔가를 해야만 해!"라는 개념을 갖게 됩니다.

당신의 마음을 하나님께 드렸다면 하나님께는 당신의 섬김을 받는 것이 문제가 되지 않습니다. 하지만 당신의 섬김으로 친밀한 교제를 대신할 수는 없습니다! 만일 주님께서 당신의 마음을 가지셨다면 주님은 또한 당신의 지갑도 가지실 수 있습니다. 그러나 당신의 헌금만으로는 결단코 당신의 예배를 대신하지 못할 것입니다. 하나님께서 원하시는 것은 바로 당신입니다!

한번은 어느 설교자가 이렇게 열정적으로 설교하는 것을 들었습니다. "우리가 존재하는 유일한 이유는 다른 사람들을 주님께로 인도하는 것입니다!" 만일 그게 사실이라면 아담과 하와의 존재의 이유는 무엇이었을까요? 그들 주변에는 주님께 인도할 사람이 없었습니다! 사실 그들은 쫓아낼 귀신도 없었고 주실 줄로 믿을 옷도 없었으며 기도를 통해 얻어내야 할 음식도 없었습니다. "오늘 우리에게 일용할 양식을 주옵소서."가 그들에게는 적용되지 않았습니다. 날씨는 완벽했고 필요한 것은 넘쳐났기 때문입니다(마 6:11). 또한 상한 심령과 고통스러운 기억들, 역기능 가정에 대한 치유를 받기 위해 기도할 필요도 없었습니다. 아담과 하와에게는 현재 우리 기독교 전체를 점령하고 있는 이런 문제들이 없었습니다. 그렇지만 그들은 매일 저녁 서늘한 때에 하나님을 만나 교제를 나누었습니다!

> 우리 주 하나님이여 영광과 존귀와 권능을 받으시는 것이 합당하오니 주께서 만물을 지으신지라 만물이 주의 뜻대로 [주의 즐거움을 위하여(KJV)] 있었고 또 지으심을 받았나이다
>
> 요한계시록 4:11

당신은 하나님의 즐거움을 위하여 지으심을 받았습니다! 하나님은 당신을 사랑하시며 또한 하나님이 당신을 얼마나 많이 사랑하시는지를 당신에게 보여 주고 싶어 하십니다. 그래서 당신이 "저도 하나님을 사랑합니다!"라고 말할 수 있도록 말입니다. 그것이 하나님께서 당신을 창조하신 목적이지, 뭔가를 이루기 위해서가 아닙니다. 하나님께서 일이 성취되길 원하시는 것은 맞지만 당신의 섬김은 하나님과 나누는 친밀한 교제의 결과물입니다.

우리가 하나님께 섬김은 드리지만 마음을 드리지 않을 때 하나님께서 기뻐하지 않으신다고 여러 성경 말씀이 밝히고 있습니다. "너희 제물이 나에게 악취를 풍기는구나. 도저히 견딜 수 없다. 썩 치워버려라!" 그 일들이 하나님께서 하라고 명령하신 일들이긴 했지만 그분의 백성들이 그들의 마음은 드리지 않고 제물로 대신하려고 했었기 때문에 악취를 풍겼던 것입니다. 사랑의 마음으로 하지 않으면 가난한 자들을 먹이기 위해 당신의 모든 소유를 내어주거나 당신의 몸을 불사르게 내준다 할지라도 "당신에게 아무 유익이 없습니다."(고전 13장) 당신은 사람의 방언과 천사의 말을 하고 혹은 산을 옮길 만한 믿음을 가질 수 있습니다. 하지만 당신의 마음이 하나님과 연합되어 있지 않으면 당신에게 아무 유익이 없을 것입니다. 우리는 하나님께서 우리를 얼마나 많이 원하시는지를 알지 못합니다. 하나님은 당신의 섬김보다 당신을 훨씬 더 많이 원하십니다!

삶의 목적

25년 전에 제가 라디오 방송으로 이 메시지를 전했는데 복역 중인 한 여성이 제게 다음과 같이 눈물로 얼룩진 편지를 보내왔습니다.

앤드류 목사님께,

저는 살인범으로 사형선고를 받았습니다. 이 범죄를 저지른 후에 저는 거듭났고 성령 충만을 받았습니다. 저는 아무도 말할 사람이 없는 독방에 있습니다. 식사는 출입문 밑으로 살짝 넣어주며, 저는 이 감방을 나가본 적이 없습니다. 저는 여러 해 동안 하나님께 저를 죽여 달라고 기도해왔습니다. "제발, 제가 죽어 천국에 갈 수 있게 해주세요!"

저는 평생토록 다른 이들에게 문제만 일으켰습니다! 우리 가족을 욕되게 했고 제 가정도 파탄시켰습니다. 제 자식들은 부끄럽다며 저를 보기를 거절합니다. 그뿐 아니라, 저는 한 사람을 죽였고 그들의 가정에도 해를 끼쳤습니다. 저는 지금 거듭났고 하나님을 사랑함에도 불구하고 여전히 이 교도소에서 납세자들에게 부담을 지울 뿐입니다. 이 거머리 같은 자가 죽어 없어진다면 더 좋을 텐데 하는 생각을 오랫동안 해왔습니다. 제가 누구에게 전도를 할 수 있겠습니까? 여기에는 교도관도 없고 다른 죄수도 일체 없습니다. 저는 정말로 아무 목적이 없는 사람입니다!

그러던 중 라디오로 목사님의 설교를 들었습니다. 제 평생 처음으로 하나님께서 저를 사랑하시기 때문에 제가 거듭났다는 것을 깨닫게 되었습니다. 이제는 "아버지, 제가 아버지를 사랑합니다!"라고 말함으로써 정말로 하나님을 송축하고 섬길 수 있게 되었습니다. 이제는 제게 삶의 목적이 생겼습니다!

제 평생 처음으로 저는 자유합니다. 그 어느 때보다 지금 이 감방에서 저는 더 자유롭습니다!

독방에 갇힌 이 자매는 감옥에 갇혀 있지 않는 대부분의 사람들보다 더 많은 자유를 경험했습니다. 영생이 하나님을 친밀하게 아는 것임을 발견했기 때문입니다!

당신이 하나님과 친밀해질 때 하나님은 송축 받으시며 당신은 변화됩니다! 당신은 안정감과 힘으로 충만해집니다. 하찮은 작은 것에 무너지지 않고 당신은 담대하게 또 솔직하게 선포할 수 있습니다. "어떤 일이 일어난다 할지라도 나는 해낼 것이다. 하나님께서 나를 사랑하시니까!" 만일 이것이 그리스도인으로서 당신의 신앙 생활을 묘사하는 것이 아니라면 기도에 관한 당신의 첫 번째 초점을 바꾸어야 할 때입니다. 당신의 필요를 채우는 것에서 하나님을 사랑하고 경배하는 것으로 말입니다.

제 14 장

아빠, 아빠는 좋은 아빠예요!

내 영혼아 여호와를 송축하라 내 속에 있는 것들아 다 그의
거룩한 이름을 송축하라   시편 103:1

"여호와를 송축하라"라고 말을 하는 것이 여호와를 "송축"하는 것은 아닙니다.

이에 관해 한 가지 이야기를 해 드리겠습니다. 라스베이거스의 한 이교도 칵테일파티에서 한 웨이트리스가 거듭난 이후 사람들이 성령 세례에 대해 얘기하는 것을 들었습니다. "그게 뭐죠?"라고 그녀는 물었습니다. 성령 세례는 하나님의 능력으로 충만해지고 방언을 하는 것이라고 누가 설명해 주었습니다. "그래요? 어떻게 받는 건가요?" 사람들이 말해주었습니다. "그냥 성령 세례를 달라고 구한 다음 주님을 송축하세요." 그래서 그녀는 이 극히 작은 부분만 알고 집으로 갔습니다.

성령 세례도 "세례"였기 때문에 교회에서 침례를 받을 때처럼

그녀는 욕조에 물을 가득 채우고 사방에 촛불을 켰습니다. 욕조 속에서 그녀는 "성령 세례"를 달라고 말한 후에 "여호와를 송축하라! 여호와를 송축하라!"라고 되풀이하기 시작했습니다. 사람들의 말을 그렇게 이해했던 것입니다. 그 말을 되풀이하는 것이 여호와를 "송축"하는 것이라고 생각했던 것이지요. 그러나 하나님께서는 그녀의 어린애 같은 믿음을 높이셔서 그녀에게 성령으로 세례를 주시고 그날 그 욕조에서 새 방언을 주셨습니다. 그럼에도 불구하고 "여호와를 송축하라"에는 단지 그 말을 되풀이 하는 것보다 훨씬 더 많은 것들이 있습니다.

하나님을 섬기라

여호와를 "송축"하는 것은 그분을 섬기는 것입니다. 마음으로부터 우러나서 "아버지, 저는 아버지를 사랑합니다. 주님은 저의 좋으신 하나님이십니다!"라고 말할 때, 그것은 주님을 기쁘시게 합니다. 사도행전 13장 2절을 보면 안디옥 교회의 선지자들과 교사들이 "주님을 섬겼다"고 하였습니다. 그들은 주님을 찬양하고, 주님을 경배하며, 주님께 사랑을 표현하였습니다. 사랑을 주는 사람이라면 누구나 답례로 사랑을 받고자 하는 소원이 있습니다. 만일 당신의 사랑의 대상이 답례로 당신을 사랑하지 않는다면 그것은 비참한 일입니다. 하나님은 사랑이시며 하나님은 당신을 사랑하십니다(요일 4:8). 당신이 하나님을 사랑할 때 그것이 하나님을 기쁘시게 하고 그것이 하나님을 섬기는 것입니다!

저는 우리 아들들이 하나는 다섯 살, 또 하나는 일곱 살이었을 때 어느 토요일 날 그 아이들과 친구들을 데리고 밖으로 나갔습니다. 우리는 하루 종일 말 타기도 하고, 개울에서 놀기도 하고, 불량식품도 함께 먹으면서(엄마가 없는 동안 특별히 한턱낸 것) 재미있게 보냈습니다. 저녁 때 저는 아이들을 깨끗이 씻기고 함께 가정예배를 드린 후 잠자리에 재웠습니다. 제가 불을 끄고 막 방을 나가려고 할 때, 막내가 이렇게 말했습니다. "아빠, 아빠는 참 좋은 아빠야!" 그것은 저를 축복하는 말이었습니다! "아빠, 축복해요!"가 아니라, "고마워요!"와 "아빠를 사랑해요!"라고 자기 나름대로 의사를 전달한 것입니다. 그 말을 듣자 아이들을 다시 데리고 나가 하루 종일 했던 일을 다시 반복할 마음이 생겼습니다!

당신의 하늘 아버지도 이와 같습니다. 당신은 깨닫지 못할지 모르지만 하나님은 섬김을 필요로 하십니다. 하나님은 당신이 송축해 주기를 원하십니다. 그것이 원래 당신이 창조된 목적이기 때문입니다. 이렇게 기도하십시오. "아버지, 주님은 참 좋으신 아빠이시고 멋진 하나님이세요! 저에게 건강을 주시고 여기 이 나라에 살게 하시고 여러 가지 기회를 주시고 직장을 주셔서 감사드립니다." 자신의 인생을 저주하고 그것을 더 악화시킬 게 아니라 이만큼 좋은 것에 대해 하나님께 감사하십시오! 하나님께서는 당신의 사랑과 경배로 송축 받으시고 너무 기쁘셔서, 제가 그랬듯이 당신을 침대에서 끌어내어 하나님께서 생각할 수 있는 모든 좋은 것으로 당신을 축복하실 것입니다! 그 모든 축복이 당신에게 임하고 당신을 따라다닐 것입니다. 당신이 하나님을 사랑하기 때문에 다른 사람들은 아직도 하나님께 달라고 애걸하고, 간청하고 있을 것들이 당신의 삶에는 넘쳐나고 있을 것입니다.

당신의 기도 시간 중 95%를 노래하고, 찬양하고, 경배하는 것으로 보내십시오. 이렇게요. "아버지, 주님을 사랑합니다!" 그러다가 가끔씩 이렇게 말하십시오. "근데요, 의사 선생님이 저보고 곧 죽을 거라고 하네요. 하지만 괜찮아요. 아버지와 함께 있는 게 얼마나 신나는 데요. 주님이 너무나 놀라우신 분이기 때문에 천국에서 주님과 함께 있고 싶어서 사실은 제가 지금 이 땅에 계속 있어야 할지 말지 결정을 내리기가 어렵네요!" 당신의 시간을 전부 두려움을 꾸짖고 불안에 떨면서 "오 하나님, 제가 믿을 수 있도록 도와주세요!"라고 말하며 보내지 말고 이렇게 말하십시오. "아버지, 어느 쪽이든 괜찮습니다. 제가 죽는다 해도 제가 이긴 것입니다. 제가 치유를 받는다면 그것 또한 제가 이긴 것입니다. 저는 잃을 게 없습니다!" 그것이 바로 당신이 가져야 할 태도입니다. 그 밖에 다른 것들은 중요하지 않습니다!

이것은 소위 "믿음 좋은 사람들"만을 위한 것이 아닙니다. 이것이 기독교의 입문입니다! 일단 거듭나자마자 사람들에게 이렇게 말해주어야 합니다. "당신은 하나님과의 친교를 위해 창조되었습니다. 당신은 구원을 받았으니 하나님께서 보여주신 그 놀라운 사랑을 받아 그에 반응하는 것만으로도 당신의 부르심을 이룰 수 있습니다. 당신이 계속 하나님의 사랑을 받고 당신의 사랑을 하나님께 드리는 가운데 죽은 자도 일으키고, 귀신을 쫓아내며, 병든 자를 고치고, 당신의 필요를 채움 받으십시오!" 사실, 그런 것은 저절로 일어날 것입니다. 만일 당신이 이런 태도를 가지게 된다면, 그 누구도 당신을 막을 방법이 없을 것입니다!

발을 구르시는 하나님!

> 밤에 환상이 바울에게 보이니 마게도냐 사람 하나가 서서 그에게 청하여 이르되 마게도냐로 건너와서 우리를 도우라 하거늘
> 사도행전 16:9

하나님께서는 사도행전 16장 9절에 기록된 환상을 통하여 초자연적으로 바울과 실라를 빌립보(마게도냐 지역)로 인도하셨습니다. 도착한 지 48시간도 안 되어 그들은 거의 목숨을 잃을 정도로 매를 맞고 가장 후미진 감옥에 갇혔습니다. 쥐가 들끓고

질병이 난무하는 완전히 깜깜한 곳에서 그들은 찬양을 시작했습니다. 그들의 손과 발에 쇠사슬이 감겨 상처를 달래지도 못하는 상태였지만 이들은 하나님을 찬양하였습니다!

열악한 상황에 처했을 때 어떤 그리스도인들은 이를 갈면서라도 하나님을 "찬양"하는 훈련을 합니다. 그들은 주님을 찬양하는 것이 "원수들과 보복자들을 잠잠케"하는 힘이라는 것을 압니다(시 8:2). 진정 마음에서 우러나와 찬양하는 것은 아닐지 몰라도 그 "영적 전쟁"을 하고 있는 것입니다. 찬양이 귀신을 내쫓기 때문에 그들은 "찬양"을 해서 그 문제들을 자기 삶에서 몰아내려고 자신을 훈련하는 것입니다. 만일 당신에게는 그것이 하나님을 찬양할 유일한 이유라 해도 원망하고 불평하는 것보다는 그게 훨씬 낫겠지요!

바울과 실라가 주님을 경배할 때 주님은 너무 기뻐 그 찬양에 맞춰 발을 구르기 시작하셨습니다. 그 결과 지진이 일어나 쇠사슬이 풀리고 모든 옥문이 열렸습니다. 그런데 그들은 도망가지 않고 그대로 있었습니다. 어떻게 이런 일이 있을 수 있을까요? 여기에 파격적인 진리가 하나 있습니다. 그들이 하나님을 찬양한 이유는 그들의 문제에서 벗어나기 위한 것이 아니었습니다. 그들은 진정으로 하나님을 사랑했습니다! 등이 맞아서 갈기갈기 찢겨 나가고 발목이 잠길 만큼 오물 가운데 있음에도 불구하고 그들은 계속 경배하면서 주님의 영광스런 임재를 누렸습니다.

오늘날 대부분의 그리스도인들 같으면 될 수 있는 한 빨리 그

감옥에서 도망쳤을 것입니다. 바울과 실라처럼 그렇게까지는 하나님을 사랑하지 않는 것입니다! 또 다른 경우입니다. 제자들은 매를 맞은 후 유대 공회를 떠날 때, 그들이 주의 이름을 위하여 능욕 받는 일에 합당한 자로 여김을 받음으로 인하여 주님께 감사하며 찬양하였습니다(행 5:41). 베드로는 그의 신앙 때문에 거꾸로 십자가에 못 박혔습니다. 그는 자기가 예수님과 똑같은 자세로 십자가에 달리는 것이 합당치 않다고 생각했습니다. 우리는 우리의 자아를 너무 사랑한 나머지 우리 자신이 손해 보는 것을 아주 크게 생각하기 때문에 다른 사람에 대해서는 신경을 쓰려고 하지 않습니다. 기독교 신앙은 하나님을 사랑하는 것이 전부라는 것을 깨닫고, 그런 것들을 뛰어 넘어야 합니다.

죽은 자 가운데서 살아나다

기도는 일차적으로 하나님을 사랑하고 경배하기 위한 것입니다. 만일 당신이 먼저 하나님의 나라와 그분과의 교제를 구한다면 당신의 필요는 이미 공급되어 있음을 알게 될 것입니다. 당신을 괴롭힐 것이 전혀 없을 것이기 때문에 당신에게는 아무 문제도 없을 것입니다. 우울증에 걸리기는커녕 주님의 기쁨이 당신의 힘이 될 것입니다!

주께서 생명의 길을 내게 보이시리니 주의 앞에는 충만한 기쁨이 있고 주의 오른쪽에는 영원한 즐거움이 있나이다

시편 16:11

만일 당신의 기분이 우울하다면 그것은 당신이 주님의 임재 안에 있지 않기 때문입니다. 주님은 당신과 함께 계시는데 당신이 주님과 함께 있지 않는 것은 다른 뭔가가 당신을 점령하고 있기 때문입니다. 하나님의 임재 안으로 돌아오십시오. 그러면 충만한 기쁨을 얻게 될 것입니다!

외국에서 사역을 마치고 아내 제이미와 저는 마침내 집에 도착하여 자정쯤 잠자리에 들었습니다. 4시간 후에 전화벨이 울렸습니다. 큰아들인 조슈아Joshua였습니다. "아버지, 이런 소식을 알려드려 죄송한데 둘째 피터Peter가 죽었어요."

"죽었다고? 왜?" 그가 자초지종을 말하자 제가 선언했습니다. "첫 번째 보고가 최종 보고는 아니다!" 전화를 끊고 아내와 저는 30초 정도 우리의 권세를 행사하여 둘째 아들의 생명이 돌아올 것을 명령했습니다. 그러고 나서 병원이 있는 콜로라도 스프링스까지 가는 내내 하나님을 찬양하고, 경배하며, 하나님께 사랑을 표현하면서 달렸습니다.

저도 여느 사람과 똑같은 생각과 감정이 들었지만 저의 마음이 주님께로 고정되어 있었기 때문에 저는 이렇게 기도하지 않을 수 없었습니다. "아버지, 주님은 좋으신 하나님이시기 때문에 당신이

제 아들을 죽이지 않으신 것을 압니다. 이건 주님의 뜻이 아닙니다. 저는 주님을 너무도 사랑합니다! 이토록 좋으신 하나님을 인하여 감사를 드립니다!" 저는 스프링스까지 가는 내내 계속 하나님을 찬양하고, 감사하며, 경배하였습니다. 도착하니 둘째 피터는 다섯 시간 동안 죽은 상태였기에 피부색이 검은 색으로 변해 있었습니다. 그러나 우리가 집에서 기도를 시작한 지 5분 후에 그가 일어나 똑바로 앉았다고 했습니다. 하나님께서 우리 아들을 죽은 자 가운데서 살리신 것입니다! 할렐루야! 예수님, 감사합니다!

저의 기도는 하나님께 사랑을 표현하는 것이 전부입니다. 저는 많은 것을 구하거나 많은 것을 하지 않습니다. 그런데도 놀라운 일들이 일어나고 있습니다. 그리스도인으로서 저의 삶은 즐겁습니다. 저는 어떤 일에도 조바심 내지 않습니다. 염려한다는 것은 어쨌거나 하나님의 약속에 대한 모독입니다. 염려는 하나님과 친밀하지 않기 때문에 옵니다. 이런 기도 방법이 당신의 현재 상황에 안 맞을지 모르지만, 당신이 저보다 더 좋은 결과를 얻기 전까지는 이대로 한번 해보십시오!

"그래, 고맙다 앤드류!"

제가 나누는 이야기가 간단할지 모르지만 아주 심오합니다. 물론 자아를 제쳐두고 하나님을 사랑하는 것에 초점을 맞추는 것은 노력이 필요합니다. 그러나 제가 발견한 것은 제가 하나님을 경배하며 섬길 때 하나님보다는 제가 더 축복을 받게 된다는 것입니다! 어떻게 해서 그렇게 되는 것인지는 확실히 모르지만 하나님께서는 제게 주신 것보다 더 많이 받고 계시지는 않습니다! 제가 주님을 송축할 때 말할 수 없는 기쁨이 제게 있습니다. 주님은 저를 돌보시고 저를 선대하십니다. 제가 마땅히 받아야 할 것보다 훨씬 더 잘 해주십니다. 저는 주님을 사랑하면서 시간을 보냅니다!

때로 저는 방언기도를 한두 시간 하기도 합니다. 보통 그렇게 하는 것은 어떤 영역에 지혜가 필요하기 때문인데 그 지혜를 끌어내기 위해서 영으로 기도하는 것입니다. 그런 때에도 저는 응답이 오고 있다는 것을 믿고 있기에 하나님을 찬양합니다!

항상 하나님을 찬양하고 감사하면 울부짖고 고함지를 필요가 없어집니다. "너희 구할 것을 감사함으로 하나님께 아뢰라."(빌 4:6) 이러한 기도가 문제의 심각성을 점점 줄어들게 하기 때문에 문제는 별것 아니게 됩니다.

보통 지금 제가 전하는 이런 내용의 책은 많이 팔리지 않습니다. 만일 제가 "하나님을 움직이는 방법 7단계"라는 제목으로 책을 낸다면 그거야말로 사람들이 정말 알고 싶어 하는 것이기 때문에 모든 사람들과 그 친척들까지도 한 권씩 살 것입니다. 하지만 가장 좋은 응답은 하나님을 사랑하고, 감사하며, 찬양하고, 송축하며, 경배하는 것을 삶의 최우선 순위로 삼는 데서 옵니다. 단순히 하루 종일 하나님과 더불어 대화하며 지내는 것입니다!

이 세상이 줄 수 있는 그 어떤 것도 하나님의 즐거움을 경험하는 것과는 비교할 수 없습니다. 한번은 캐더린 쿨만Kathryn Kuhlman (1960-70년대 많은 기적과 치유를 일으켰던 미국의 여성사역자) 집회가 끝난 후에 아내 제이미와 함께 앉아 있었습니다. 우리가 제일 마지막까지 그곳에 남아 있었는데 하나님의 임재 때문에 일어나서 나갈 수가 없었습니다. 그 집회 중에 바로 제 눈앞에서 사람들의 신체적 질병은 물론 정서적 상처까지 기적적으로 변화되었습니다. 살아 계시고 사랑이 많으시며 치유하시는 하나님의 손길에 상한 심령들이 치유받은 것입니다. 저는 완전히 압도되었습니다!

그 이후로도 여러 번에 걸쳐 그와 비슷한 경험으로 압도된 적이 있었습니다. 한번은 저의 집회를 마치고 숙소로 돌아오는 중에 하나님이 얼마나 놀라우신 분이며 하나님께서 어떻게 저를 통해 사람들의 삶을 만지셨는가를 생각하며 감사를 드렸습니다. 그때 하나님께서 이렇게 대답하시는 것을 들었습니다. "그래, 고맙다, 앤드류! 내가 너를 사용하도록 해주니 고맙구나." 그건 저를 축복하는 말씀이었습니다! 혹 이렇게 생각할지 모르겠습니다. '하나님은 그런 말씀은 절대 안 하시는 분이야!' 아닙니다. 하나님은 그렇게 말씀하십니다! 당신이 하나님을 잘 모르는 것뿐입니다. 하나님은 좋으신 분이며 하나님은 우리를 사랑하시고 우리를 즐거워하십니다.

변화할 준비가 되었나?

하나님은 당신을 사랑하기만 하시는 게 아닙니다. 하나님은 또한 당신을 좋아하십니다! 그런 말을 하나님께 들어본 적이 없었을지 모르겠습니다. 하지만 그건 사실입니다. 그분은 그저 구원을 제공해야 할 의무가 있는 당신의 창조주가 아닙니다. 하나님은 당신을 즐거워하십니다. 당신이 얼마나 하나님을 사랑하는지 그분께 말씀 드리고 그 다음에 하나님께서 그와 똑같이 말씀하시는 것을 경험하는 것은 기쁨입니다!

제가 지금 전달하고 있는 것의 핵심을 이해한다면 기도 생활 전체가 바뀌게 될 것입니다. 당신의 삶의 모든 것이 변할 것이며, 당신은 전혀 다른 사람이 될 것입니다. 가장 중요한 것은 하나님을 사랑하는 것입니다. 그 밖의 모든 것은 다 부수적입니다!

이 구원의 진정한 목적을 놓쳤습니까? 그저 지옥을 면하기 위해서 거듭나셨습니까? 하나님의 사랑과 당신과 교제하고자 하시는 하나님의 소원을 진정으로 이해하셨습니까? 하나님께 가끔은 "감사합니다."라고 하지만 하나님을 찬양하고 경배하는 것이 기도의 첫째 목적은 아니십니까? 초점이 다른 곳에 있었나요? 사랑하는 여러분, 만약 그렇다면 돌이켜서 구원의 참된 목적을 받아들여야 합니다. 하나님을 사랑하고 경배하십시오!

누구나 하나님을 지금보다 더 많이 사랑할 수 있습니다. 그렇게 하겠다고 진심어린 마음의 헌신으로 다짐한 적이 있으신가요?

당신은 자신에게 헌신되어 있고 자신의 필요가 채워지도록 기도하는 사람입니까? 때로는 다른 사람을 위해서도 기도를 하겠지만 그것은 하나님을 사랑하는 게 아닙니다. 제가 지금 묘사한 것이 당신의 모습이라면 이젠 변화할 준비가 되셨습니까?

> 내가 믿는 자를 내가 알고 또한 내가 의탁한 것을 그날까지 그가 능히 지키실 줄을 확신함이라   디모데후서 1:12

하나님은 당신이 의탁하는 것을 지키시겠다고 약속하셨습니다. 의탁한 것이 없다는 것은 지킬 것이 없다는 뜻입니다. "하지만 저는 그렇게 살 자신이 없습니다!" 맞습니다. 당신은 할 수 없습니다! 때로는 실패할 것입니다. 하지만 헌신(의탁)의 결단을 하면, 하나님께서 신실하게 그것을 생각나게 해주실 것입니다.

잠시 시간을 내어 자신을 낮추고 주님께 반응하는 것이 필요합니다. 다음 장으로 넘어가기 전에 바로 지금 작정하십시오. 성령님께서 당신을 여기까지 이끌어 오셨습니다. 이제는 두 손을 들고 "네, 주님!"하고 말할 때입니다. 그 후에는 그렇게 하길 아주 잘했다고 생각할 것이 분명합니다!

제 15 장

무화과나무에게 말하라!

마가복음 11장에는 기도를 통하여 하나님으로부터 받는 방법에 대해 굉장히 중요한 내용들이 들어 있습니다.

> 이튿날 그들이 베다니에서 나왔을 때에 예수께서 시장하신지라 멀리서 잎사귀 있는 한 무화과나무를 보시고 혹 그 나무에 무엇이 있을까 하여 가셨더니 가서 보신즉 잎사귀 외에 아무 것도 없더라 이는 무화과의 때가 아님이라 예수께서 나무에게 말씀하여 이르시되 이제부터 영원토록 사람이 네게서 열매를 따 먹지 못하리라 하시니 제자들이 이를 듣더라
> 마가복음 11:12-14

무화과나무에 잎이 생기려면 열매가 먼저 있어야 합니다! 무화과나무는 잎을 내기 전이나 잎을 내는 순간 열매를 맺습니다. 예수님께서 무화과 잎을 보셨을 때 배가 고프셨고 무화과를 얻을

생각으로 가까이 가셨습니다. 아무것도 얻을 수 없게 되자 예수님께서 나무를 저주하시며 죽으라고 명하셨습니다.

아직 무화과 철도 아닌데 주님께서 왜 이 나무에 그토록 화가 나셨는지 의아해하는 사람들이 많습니다. 그 이유는 예수님이 바로 무화과나무를 창조하셨기 때문입니다. 무화과나무가 잎을 내기 전에 열매를 내도록 만드셨던 분은 바로 주님이십니다. 이 무화과나무는 그분의 명령을 어겼던 것입니다. 그것은 변질이었습니다. 그것은 위선이었습니다. 그것은 소유하지 않은 것을 소유했다고 선언한 것이었습니다. 그래서 예수님이 화를 내시며 저주하셨던 것입니다.

주님께서 그 무화과나무에게 "대답하셨다"는 것을 주목해보시기 바랍니다.(KJV에는 "대답하여 이르시되"라고 되어 있음역자주) 주님이 대답을 하셨다는 것은 나무가 먼저 예수님께 말을 하고 있었다는 뜻입니다! 당신에게 먼저 누가 말을 걸어주지 않으면 "대답"할 수 없으니까요. 이 나무는 사실 열매가 없으면서도 자기에게 무화과 열매가 있다고 예수님께 말을 하고 있었던 것입니다. 이 나무는 거짓말쟁이였습니다. 그래서 예수님께서 직접 그것에게 말했던 것입니다. "이제부터 영원토록 사람이 네게서 열매를 따 먹지 못하리라 하시니 제자들이 그것을 듣더라."(막 11:14)

> 그들이 아침에 지나갈 때에 무화과나무가 뿌리째 마른 것을 보고
> 마가복음 11:20

마태복음 21장 19절에는 예수님께서 말씀하시자 그 무화과나무가 즉시 죽었다고 기록되어 있습니다. 물론 제자들은 이튿날까지는 그 결과를 보지 못했습니다. 그리스도께서 말씀하신 바로 그때 기적은 일어났고 무화과나무는 말라죽었습니다. 그러나 그 나무는 뿌리부터 말랐기 때문에 땅속에서 일어난 일이 땅 위로 나타나는 데는 대략 12시간이 걸린 것입니다. 이것은 기도할 때 일어나는 일이 무엇인지를 보여주는 아름다운 그림입니다!

보는 것만으로는 알 수 없다

하나님은 영이시며 영의 영역에서 움직이십니다. 하나님께서 영적 세계에서 행하신 일이 물리적 세계에 나타나기까지는 보통 일정한 시간이 걸립니다. 이 사실을 알지 못하는 사람들이 너무도 많다는 것에 저는 놀랐습니다. 대부분의 그리스도인들은 하나님께서 어떤 것이 이루어지기를 원하시면 그때 짠! 하고 이루어지는 줄로 생각합니다. 하나님께서 우리의 기도에 응답하는 데에도 어떤 한계와 제한이 있다는 것을 이해하지 못합니다.

주님은 하늘과 땅을 창조하실 때 일정 법칙을 가동시키셨습니다. 주님도 이 법칙을 따르십니다. 그렇기 때문에 영의 영역에서 실재인 어떤 것이 물리적 영역에 나타나기까지 얼마간의 시간이 걸리는 것입니다. 예를 들면 다니엘 9장에서 하나님은 그분의 대천사들 중 하나인 가브리엘을 명하여 다니엘의 기도에 응답하게 하셨습니다. 하지만 가브리엘이 나타나서 주께서 명하신 것을 이루는 데에는 시간이 약 3분 정도 걸렸습니다. 그런데 다니엘 10장에서는 하나님의 사자가 다니엘의 응답을 가지고 나타날 때까지 21일이 걸렸습니다. 왜 하나님께서 한 기도에는 3분 만에 응답하시고 다음 번 기도에는 3주나 걸리신 것입니까? 하나님이 그렇게 하신 게 아닙니다! 하나님은 두 기도 모두 즉시 응답하셨지만 첫 번째 사자가 나타나는 데는 3분이 걸리고 다음 번의 경우에는 3주가 걸렸던 것입니다. 변수는 하나님이 아니십니다. 하나님은 이랬다저랬다 하지 않으십니다. 두 번 다 기도 요청이 있자마자 즉시 보좌에서 명령이 떨어졌습니다. 간단히 말해서 이 이야기에는 우리가 이전에 이해했던 것보다 더 많은 것들이 들어 있습니다.

하나님의 말씀은 질병에서의 회복을 약속하고 있지만 그것이 즉시 나타날 것이라고 약속하지는 않으셨습니다. 마가복음 16장 18절은 이렇게 말합니다. "병든 사람에게 손을 얹은즉 나으리라." 하지만 "만일 하나님께서 원하신다면 나는 치유받을 수 있으며 이 증상은 즉시 떠날 거야!"라는 생각은 성경적으로 입증될 수 없습니다. 치유를 얼마나 빨리 경험하느냐를 결정짓는 데는 많은 요소들이 있습니다.

전에 에이즈에 걸린 한 여성을 위해 기도했었는데 저는 질병이 즉시 떠났음을 알 수 있었습니다. 그리고 그 질병으로 인해 손상

된 몸이 회복될 수 있도록 하나님의 기름부음을 풀어놓았습니다. 저는 이렇게 말했습니다. "당신이 에이즈에서 완전히 치유된 것을 믿습니다. 지금 에이즈의 증상은 없지만 몸은 에이즈로 인한 손상에서 회복이 되어야 할 것입니다. 자세한 것은 저도 잘 모르지만 당신의 몸이 다시 예전처럼 회복되려면 얼마간 시간이 걸릴 것입니다. 완전히 회복하는 데에 며칠 걸릴 거예요."

기도를 받았는데 즉시 결과가 나타나지 않을 경우, "뭐야, 아무 일도 일어나지 않았잖아!"라고 하고 싶은 유혹을 물리치십시오. 아직도 힘이 없는 느낌이 들더라도 몹쓸 질병은 당신의 몸에서 완전히 사라졌을 수 있습니다! 당신이 볼 수 없는 곳에서 많은 일들이 일어나고 있습니다. 하나님께서 움직이셨나, 아닌가를 분별하기 위해 오감만을 사용하려 한다면 당신은 하나님께 속한 것들을 놓치게 될 것입니다!

하나님을 믿으라

예수님께서 이 무화과나무에게 말씀하신 것이 즉시 이루어졌음에도 불구하고 그 결과는 12시간 동안 눈에 보이지 않았습니다. 때로는 하나님께서 이미 이루어 놓으신 것이 물리적 영역에 나타나기까지 일정 시간이 걸립니다.

> 베드로가 생각이 나서 여짜오되 랍비여 보소서 저주하신 무
> 화과나무가 말랐나이다   마가복음 11:21

베드로는 이튿날 아침 그 무화과나무를 보고 충격을 받았습니다! 우리가 성경을 읽을 때, 그 당시 살던 사람들은 어떻게 느꼈을까를 간과하는 경향이 종종 있습니다. 우리가 길을 걸어가는데 제가 한 나무를 향해 명령하기를 "예수의 이름으로 명하노니 죽어라!"라고 했는데 이튿날 당신이 보니 그게 완전히 말라 죽어 있었다면 당신은 꽤나 감동을 받을 것입니다. 당신도 뭐라고 한마디 하지 않겠어요? 베드로는 단지 이것에 대해 언급만 한 정도가 아니라 완전 압도되었습니다! "예수님, 이 무화과나무 좀 보십시오!"

주님께서는 이 순간을 이용하여 기도가 어떻게 작용하는가를 설명해주셨습니다.

> 예수께서 그들에게 대답하여 이르시되 하나님을 믿으라
>   마가복음 11:22

이 일은 하나님을 믿는 믿음을 통해 일어났습니다. 믿음faith은 강력한 힘이지만 그것의 유익을 거두기 위해서는 믿어야believe 합니다.

믿음은 법의 지배를 받습니다(롬 3:27). 자연적 영역과 마찬가

지로 영의 영역은 하나님께서 정하신 하나님의 질서에 따라 움직입니다. 무지는 이렇게 묻습니다. "하나님은 왜 그 사람을 도와주시지 않는 거야? 하나님은 왜 그들을 죽게 하신 거야?" 치유와 해방과 번영과 구원은 "그냥 일어나지" 않습니다. 바라는 결과를 얻기 위해서는 영적인 법칙을 지켜야 합니다.

자기 스스로 제한한 것들

자연 법칙은 전기를 지배합니다. 예를 들어, 전력은 고무보다는 구리를 통해 더 잘 흐릅니다. 하나님께서 그렇게 해야 전기가 통하도록 만들어 놓으신 것입니다. 전기의 법칙을 따르면, 우리의 유익을 위해 전력을 통제하고 이용할 수 있습니다. 그러나 그러한 법칙을 이해하고 적용하기 전에 우리는 전기 없이도 일을 했습니다.

사람들은 전기의 유익이 없이 수천 년을 살았습니다. 이것은 그것에 대한 지식이 없었기 때문이지 지능이 떨어져서 그랬던 것은 아니었습니다. 옛날에도 머리가 뛰어난 사람들이 많이 있었지만 그들은 전력이 무엇인지 또는 그것이 어떻게 작용하는 것인지 전혀 알지 못했습니다. 전기는 하나님께서 창조하신 이래 항상 지구상에 있었지만 그것을 사용하려면 그것을 지배하는 법칙을 발견해야 했습니다.

만일 전기가 과거 이집트 전성기나 솔로몬 시대, 혹은 예수님께서 지상에 계실 때에 사용되었더라면 어땠을까 생각해 보십시오. 전력은 이미 이 땅에 존재했었지만 무지로 인해 그것을 가동시키지 못했던 것입니다. 예를 들어, 핸드폰 부품에 들어가는 금속들은 항상 우리 주변에 존재하고 있었지만 겨우 십여 년 전부터 그 부품들을 사용할 수 있는 기술이 개발되었습니다. 이런 것들에 대한 지식만 있었더라면 오늘날 우리가 사용하는 많은 것들을 오래 전부터 사용할 수 있었을 것입니다!

과학 기술의 진보는 우리가 그것을 지배하는 법칙을 발견할 때 가능해집니다. 언젠가는 물을 가지고 자동차를 움직일 수 있을 것입니다. 그때 우리는 뒤를 돌아보며 가솔린을 연료로 사용했던 것을 무지했다고 생각할 것입니다. 우리가 이런 것들을 향유하지 못하고 있는 유일한 이유는 아직 그 법칙들을 발견하지 못했기 때문입니다.

하나님께서는 하나님 자신과 그분이 창조하신 우주를 그분이 말씀하여 존재하게 하신 법칙으로 통제하십니다. 이들 법칙은 하나님께서 일하는 방법을 지배합니다. 이 물리적 세계를 그토록 질서 있게 (예를 들면 전기의 법칙, 중력의 법칙 등) 창조하신 분이 스스로 아무렇게나 되는 대로 무질서하게 하실 수는 없는 일입니다. 그리스도인들 중에 이렇게 말하는 분들이 있습니다. "그렇지만 기도를 했는데요?"라고 말입니다. 그렇다면 정확하게 기도하셨나요? "제가 제대로 기도했는지 모르지만요, 만일 하나님께서 원하신다면 저를 바로 고쳐주실 수 있을 거예요!" 그들은 하나님께도 어떤 제한이 있다는 것을 생각하지 않습니다. 그 제한이 하나님 스스로 부과하신 것이라 해도 어쨌거나 제한은 제한입니다. 하나님께서는 자신의 법칙을 따르십니다!

하나님의 법을 따르라

> 내 언약을 깨뜨리지 아니하고 내 입술에서 낸 것은 변하지 아니하리로다   시편 89:34

하나님께서는 그분이 하신 말씀을 어기지 않으십니다. 그분은 없는 말을 하시는 분이 아닙니다. 하나님은 언제나 자기가 말씀하시는 것을 그대로 행하십니다. 예를 들어 주님께서 다음 말씀을 통해 당신에게 엄청난 특권을 주셨습니다. "마귀를 대적하라 그리하면 너희를 피하리라."(약 4:7) 그러나 마귀를 대적하는 것이 이제는 당신의 책임이지 하나님의 책임이 아니기 때문에 하나님은 이 법칙으로 인해 그분 자신을 제한하신 것입니다.

권세가 이제 당신에게 갔기 때문에 하나님께서 당신을 대신해서 마귀를 꾸짖지 않으십니다. "오 하나님, 저에게서 마귀 좀 쫓아내주세요!"라고 기도해봐야 소용이 없을 것입니다. 주님은 그분의 말씀을 선포하심으로 법칙을 규정해 놓으셨습니다. 당신이 마귀를 대적해야 합니다. 그러면 마귀는 당신에게서 도망칠 것입니다. 아무리 간절히 원한다고 해도 주님의 법칙을 따르지 않는 한 마귀의 눌림에서 벗어날 수 없습니다. 하나님께서 당신에게 주신 권세를 행사하십시오. 그렇지 않으면 역사가 일어나지 않을 것입니다!

또 하나의 법칙은 이것인데, 당신의 말대로 되는 것입니다.

> 사람은 입에서 나오는 열매로 말미암아 배부르게 되나니 곧 그의 입술에서 나는 것으로 말미암아 만족하게 되느니라 죽고 사는 것이 혀의 힘에 달렸나니 혀를 쓰기 좋아하는 자는 혀의 열매를 먹으리라   잠언 18:20,21

생명과 사망이 혀의 힘에 달려 있습니다. 당신은 당신이 말하는 것을 갖게 됩니다!(마 12:34, 막 11:23, 약 3:2-12)

많은 사람이 치유를 받기 원하지만 온갖 종류의 부정적인 말들을 쏟아냅니다. 의사가 말한 것을 되풀이하고 몸이 느끼는 대로 말하며 다른 사람들이 한 말을 하면서 왜 하나님의 치유 능력이 그들의 삶에 나타나지 않는지 의문을 품습니다. 여기에는 영적인 법칙이 자리잡고 있어서 그 기능을 발휘하고 있는 것입니다!

자신을 죽이지 말라!

　당신에게 유익을 가져다주는 동일한 법칙이 또한 당신을 죽일 수도 있습니다! 전기가 흐르고 있는 전선을 만지면 쇼크를 받게 됩니다. 흐르고 있는 전력이 어느 정도냐에 따라 죽을 수도 있습니다. 그것은 전력회사가 당신을 싫어해서가 아닙니다. "당신이 이 노출된 전선에 손을 대면 처벌하겠습니다." 아닙니다! 그냥 법칙일 뿐입니다. 전기회사가 전력을 생산하는 것은 당신에게 유익을 주기 위한 것이지 죽이려는 것이 아닙니다!

　하나님은 당신의 유익을 위해 중력을 창조하셨습니다. 그 덕분에 당신은 의자를 볼트로 고정시키고 당신의 몸을 끈으로 묶지 않아도 의자에 앉을 수 있는 것입니다. 둥둥 떠다니지 못하게 진땀나는 노력을 계속 하지 않아도 당신이 원하면 그 의자에서 편히 잠들 수도 있습니다. 그러나 만일 당신이 중력의 법칙을 어기고 엠파이어스테이트 빌딩 꼭대기에서 미약하게나마 날아보겠다고 양팔을 파닥거리며 뛰어내린다면 당신에게 유익을 주던 그 동일한 법칙이 당신을 죽일 것입니다. 당신이 몰라서 그랬다거나 주님의 법칙에 협력하지 않기로 고의로 선택한 것이 아닐지라도 그것은 정말이지 중요하지 않습니다. 당신이 그 법칙을 어겼기 때문에 결과는 동일할 것입니다. 하나님께서 그렇게 하신 게 아닙니다. 당신이 자신을 죽인 것입니다!

　이렇게 말하는 것은 무지한 것입니다. "아이고, 몸이 더 안 좋네.

의사 말이 2주 후면 죽을 거라고 했는데. 나는 죽어가고 있어!"
그러고서 돌아서서 기도합니다. "하나님, 주의 뜻이면 제발 좀
저를 고쳐주세요. 아멘." 그런 후에 사람들은 종종 하나님께 화를
내면서 왜 치유를 받지 못하느냐며 의문을 제기합니다. 그들은
믿음의 법칙을 어기고 있고 불신앙의 말을 함으로써 자기 자신을
죽이고 있는 것입니다!

하나님은 그분의 말씀을 어기지 않으실 것입니다! 하나님은 엠
파이어스테이트 빌딩에서 뛰어내려 날아보려고 하는 한 사람을
위해 중력을 일시 정지시키지 않으십니다. 그들이 얼마나 진실한
가 혹은 얼마나 착한 사람인가 하는 것은 중요하지 않습니다. 중
력은 자연 법칙입니다. 만일 주님께서 뛰어내리는 그 한 사람을
위해 중력을 일시 정지시킨다면 수백만의 다른 사람들이 중력을
의지했다는 이유만으로 죽게 될 것입니다. 당신의 뜻이 훌륭하다
고 해서 하나님이 그분의 법칙을 – 자연 법칙이든 영적 법칙이든
– 일시 정지시키지는 않으십니다!

당신이 직접 문제에게 말하라!

내가 진실로 너희에게 이르노니 누구든지 이 산더러 들리어
바다에 던져지라 하며 그 말하는 것이 이루어질 줄 믿고 마음
에 의심하지 아니하면 그대로 되리라 그러므로 내가 너희에게

말하노니 무엇이든지 기도하고 구하는 것은 받은 줄로 믿으라
그리하면 너희에게 그대로 되리라　　　　마가복음 11:23,24

　주님께서는 문제에게 말을 하라고 우리에게 명하십니다. 이것이 기도에 대한 진리인데 대부분의 사람들이 놓치고 있습니다. 산에게 말하십시오!

　산에게 하나님에 대해서 말을 해야 하는데 대부분의 그리스도인들이 그렇게 하지 않고 하나님께 그들의 산에 대해서 말을 합니다! "산"이란 당신의 문제가 무엇이든지 그것을 의미합니다. 예수님께서 선포하셨습니다. "너의 산에게 말을 해서 바다에 빠지라고 명령하라!" 보통 그리스도인들은 이렇게 기도합니다. "하나님, 저에게 이런 산이 있습니다. 하나님께서 저를 위해 그것을 좀 옮겨주세요!" 주님은 당신이 직접 산에게 말하라고 하셨지 하나님에게 문제에 대해 말하라고 하지 않으셨습니다. 그것이 무엇이든지 그것에게 말하십시오!

　말라 죽은 무화과나무 얘기로 돌아가 봅시다. 전날에 그 나무가 예수님께 말을 했었습니다. 예수님께서 대답하시자 그 나무는 더 이상 말이 없었습니다. 하나님을 믿으십시오!

제 16 장

당신의 산에게 직접 말하라

> 그러므로 내가 너희에게 말하노니 무엇이든지 기도하고 구하는 것은 받은 줄로 믿으라 그리하면 너희에게 그대로 되리라
>
> 마가복음 11:24

예수님께서 이 무화과나무에게 말씀하셨을 때 하나님께 간구하거나 요청하지 않으셨습니다(막 11:14). 대신, 자신의 권세를 취하여 그것을 믿고 문제에게 말한 것을 "기도"라고 하셨습니다.

기도의 목적은 "우리의 상황을 잘 모르거나 잘못 알고 계시는" 하나님께 정확한 정보를 알려드리는 과정이 아닙니다! 당신의 하늘 아버지는 당신에게 무엇이 필요한지 이미 알고 계십니다(마 6:8). 의사가 뭐라고 진단했는지, 당신의 몸이 얼마나 안 좋은지, 동일한 병으로 세상을 떠난 사람이 있었다든지 하는 것들을 하나님께 말씀 드리는 것은 역효과를 가져옵니다. 그런 식으로 원망과 불평만 늘어놓고 있으면 안 됩니다. 주님께서

이미 다 하셨습니다! 그가 채찍에 맞으므로 당신은 나음을 얻었습니다!(벧전 2:24)

당신은 이렇게 생각하며 의아해 할지도 모르겠습니다. "만일 하나님께서 영적인 영역에서 이미 나를 치유하셨다면 어떻게 기도해야 내가 필요로 하는 신체적 영역에서도 치유를 경험할 것인가?" 무엇보다도 먼저 감사함으로 그의 문에 들어가십시오(시 100:4). 이미 이루어진 사실에 대해서 하나님을 찬양하고 높이십시오. 이렇게 할 때 당신의 믿음이 세워지고 당신은 힘을 얻습니다. 이렇게 말하십시오. "아버지, 예수님께서 채찍에 맞음으로 나는 치유를 받았습니다. 나는 그것을 지금 믿음으로 받습니다!" 그 다음 당신의 몸에 문제가 무엇이든 그 문제에게 말을 하십시오. 그것에 대해 하나님께 말하지 마십시오. 주님의 말씀이 이미 다 이루어 놓았다고 증거하시는 것에 대해 하나님을 찬양한 뒤, 당신의 문제에게 직접 말을 하십시오.

"왜 아직 없어지지 않았지요?"

메리 힐Mary Hill은 이 진리를 실천에 옮긴 전형적인 사례입니다. 2001년 9월, 저는 노스캐롤라이나 주 샬롯Charlotte에서 사역을 하고 있었습니다. 그곳에 있는 동안 제가 머물렀던 가정에게 "니키 오쉰스키: 기적의 이야기"라는 비디오를 주었습니다. 니키의 감동적인 치유 이야기를 보면 좋을 것이라며 그들을 격려하였습니다. 제가 그 날 밖에 나갔다가 돌아왔더니 부인이 그 비디오를 본 후에 의자에 앉은 채 울고 있었습니다. 그녀가 물었습니다. "니키와 똑같은 질병으로 고생하는 제 친구를 위해 기도해 주시겠어요?" "그러지요."라고 대답했더니 벌써 그 친구가 그 집으로 오고 있는 중이라고 알려 주었습니다.

10분 후에 메리 힐이 담요에 싸인 채로 도착하였습니다. 그녀의 온 몸에는 자석이 테이프로 붙여져 있었습니다. 1994년에 그녀를 진단한 의사들의 말에 의하면 통증의 정도가 1에서 10이라고 치면 메리 힐의 통증은 지속적으로 11이라고 했습니다. 그녀는 고통이 심하여 아무것도 할 수가 없었습니다!

우리가 대화를 시작하자 메리가 저에게 말하기를 하나님께서 이 병을 주신 목적이 있는데 지금 그 병으로 인해 영광을 받으시고 계시다고 했습니다. 저는 30분 정도 그녀의 종교적인 교리를 반박했습니다. 마침내 그녀는 저의 기도를 받을 준비가 되었습니다.

메리의 두 손을 붙잡고 제가 예수의 이름으로 모든 통증에게 그녀의 몸에서 떠나라고 명령했습니다. 그녀는 즉시 7년 만에 처음으로 통증에서 해방되었습니다!

그녀는 깜짝 놀라 하나님을 찬양하기 시작했습니다. 그런 다음 멈추고선 이렇게 말했습니다. "아직도 제 허리 뒤 여기에 따끔거리는 증상이 남아 있어요. 왜 그건 안 떠났지요?"

"저는 '따끔거리는 것'이 떠나라고 기도하지는 않았으니까요. 당신은 저에게 '통증'이 있다고만 했잖아요. 자, 잘 보세요!" 다시 그녀의 두 손을 붙잡고 제가 따끔거리는 증상을 향해 떠나라고 명했습니다.

그녀는 감탄의 소리를 질렀습니다. "그게 없어졌어요!" 그러고는 다시 하나님을 찬양하기 시작했습니다!

당신이 직접 기도하세요!

그런 다음 저는 메리에게 마가복음 11장 23절 말씀을 가지고 스스로 직접 기도하는 방법을 훈련시켰습니다. 제가 그녀에게 말했습니다. "만일 또 다른 통증이 재발하더라도 하나님께서 자매를 치유하지 않으신 게 아닙니다. 그것은 자매님이 다시 문을 열어줄 것인지 알아보려고 마귀가 문을 두드려보는 것입니다. 만일 자매님이 '아니 뭐야, 나는 치유받은 게 아니었구나.' 한다든지 또는 '나의 치유를 잃어버렸네.' 라고 말하면 그때 자매님은 사탄이 들어오도록 문을 열어주는 것입니다. 그러나 만일 자매님이 '아니야! 그가 채찍에 맞으므로 나는 치유를 받았어. 하나님의 은사와 부르심에는 후회하심이 없다. 내가 이 통증에게 명하노니 떠나라!' 라고 말하면 자매님은 치유를 그대로 유지하고 모든 것이 좋아질 것입니다."

메리가 떠나려던 참에 이렇게 말했습니다. "그 따끔거리는 증상이 다시 돌아왔어요."

"그래요? 제가 방금 자매님에게 어떻게 해야 할지 가르쳐 드렸잖아요. 제가 자매님과 합심할 테니 기도는 자매님이 하세요."

"아버지, 제가 고침받는 것은 주님의 뜻임을 감사합니다. 예수님이 채찍에 맞으므로 저는 고침을 받았으며 이에 감사를 드립니다. 저는 지금 예수의 이름으로 저의 치유를 주장합니다." 40여 분 전에 이 부인은 자신의 질병이 하나님께로부터 왔으며 따라서 하나님이 영광을 받으실 것이라고 믿었던 장로교 신자였습니다. 그런 것을 생각할 때는 크게 발전한 기도를 한 셈이지요! 그러나 그것이 꽤나 괜찮은 기도일지는 몰라도 그런 식으로 기도해서는 치유를 받을 수 없습니다. 그것은 역사하지 않습니다.

그녀가 기도를 마치자 제가 물었습니다. "아직도 따끔거리는 증상이 있습니까?"

"네, 아직도 그대로 있네요."

"왜 그런지 아세요?"

"모르겠는데요."

"자매님은 제가 하라는 대로 하지 않았어요."

"그게 뭔데요?"

"자매님은 자매님의 산에게 말하지 않았어요. 자매님은 하나님께 말하고 하나님을 찬양했어요. 자매님이 한 것은 좋은 말이지만 하나님의 말씀이 하라고 한 것을 하지는 않았어요."

"그럼 제가 이렇게 말해야 한다는 거지요? '따끔거리는 증상아, 예수의 이름으로 명하노니…'"
"네, 맞아요!"
"알았습니다!"
우리는 다시 손을 합하고 메리가 선포하였습니다. "따끔거리는 증상아! 예수의 이름으로 명하노니…" 바로 그때 그녀는 그 자리에서 딱 멈추고 이렇게 소리 질렀습니다. "그게 떠났어요! 없어졌어요! 나는 치유를 받았어요!" 2년 후에 그녀로부터 소식을 들었는데 여전히 건강하였습니다. 사실은 그녀가 지금 그 장로교 교회에서 "적지 않은 소동"을 일으키고 있답니다. 얼마나 멋진 간증입니까!

당신의 믿음을 지도하라

성경은 "문제를 향해 문제에게 말하라!"고 말합니다.
"꼭 그렇게 구체적으로 해야 되나요? 하나님은 제가 무슨 뜻으로 기도하는지 아십니다."
그건 전기가 통하는 전선을 잡고 이렇게 말하는 사람과 똑같습니다. "이게 감히 어떻게 나를 죽여! 나의 의도가 선했고 다만 전류가 흐르는 것을 몰랐을 뿐이야!" 당신의 의도가 무엇인지는 중요하지 않습니다. 어떤 일이 진행될 때는 그 진행 방법을 지배하는 법칙이 있습니다. 하나님께서 "문제에게 말하라!"고 하셨는데 우리는 그대로 하지 않습니다. 그러고서 우리는 왜 치유가 안 되느냐고 의아해합니다.

당신에게는 믿음이 있습니다. 하지만 그 믿음은 나아갈 방향을 인도받아야 합니다. 그것을 지배하는 법칙과 협력하여 믿음을 사용하십시오. 마귀를 대적하십시오. 마귀에게 직접 말하십시오. 당신의 문제에게 직접 말하고 그것이 변화되도록 명령하십시오. 당신의 말로 당신의 믿음을 지도하십시오.

이렇듯 말이 매우 중요하긴 하지만 행동과 믿음도 일치돼야 합니다. "믿는다"고 하면서 행동은 다르게 한다면 믿음을 무효화시키는 것입니다!

두통이 있을 때 이렇게 말하지 마십시오. "오 하나님, 머리가 아파요. 두통 좀 떠나게 해주세요. 주님이 채찍에 맞음으로 나는 예수의 이름으로 나은 줄 믿습니다." 그것으로 충분하지 않습니다! 주님께서 당신에게 하라고 하신 것은 그것이 아닙니다. 만일 문제가 통증이라면 그것을 향해 이렇게 말하십시오. "통증아, 예수의 이름으로 명하노니 내 몸에서 떠나가라. 이 통증을 야기시키는 것이 무엇이든지 내가 내 몸의 그 부분을 향해 말하고 명하노니 너는 반응을 보이라. 예수의 이름으로 통증은 그칠지어다." 그것에게 직접 명령하십시오!

제이미의 발

한번은 아내 제이미가 우리 서재에 있는 육중한 철제 의자에 발이 찍힌 적이 있었습니다. 그 의자가 넘어져서 아내의 맨발을 찍었습니다. 즉시 검푸른 멍이 들고 부어오르기 시작했습니다. 아내는 5분 정도 그것을 놓고 기도한 후에 제가 있는 곳으로 절름거리며 와서 요청했습니다. "여보, 저와 합심해서 기도 좀 해주세요!"

우리는 기도하고 그것을 향해 말했습니다. "발아, 예수의 이름으로 명하노니 너는 이 기도에 반응을 보일지어다. 뼈들아, 혹시 부러진 데가 있다면 내가 너에게 명하노니 치유될지어다." 이렇게 기도하고 1분도 안 되어 붓기는 떠나고 색깔은 정상으로 돌아왔습니다. 문제에게 직접 말하는 것은 이렇게 하는 것입니다!

저도 오래 전부터 이 방법을 알았지만 무슨 이유인지 그 방법이 저의 마음에 새겨지지 않았었습니다. 그러나 지난 5년 동안 이 원리를 좀 더 의식적으로 적용하기 시작한 다음부터 적어도 네 번 정도 아내 제이미의 발이 치유된 것처럼 즉시 치유가 나타나는 것을 목도했습니다. 진짜 단순한 원리입니다!

당신이 협력해야 한다

예수님께서 영적인 법칙을 제정해 놓으셨다는 것을 이해하지 못하는 사람들이 많습니다. 그들은 이렇게 말합니다. "글쎄요, 만일 하나님께서 나를 사랑하신다면 나를 고쳐주실 게 아닙니까!" 아닙니다. 그런 식으로는 역사하지 않습니다. 당신의 믿음대로 받게 됩니다!

> 예루살렘아 예루살렘아 선지자들을 죽이고 네게 파송된 자들을 돌로 치는 자여 암탉이 제 새끼를 날개 아래에 모음같이 내가 너희의 자녀를 모으려 한 일이 몇 번이냐 그러나 너희가 원하지 아니하였도다   누가복음 13:34

주님도 그의 사랑하는 백성들을 향하여 한탄하셨습니다. 주님은 그들을 축복하고, 섬기며, 위로하길 원하셨습니다. 하지만 그들이 받아들이지 않았습니다. 주님의 고향인 나사렛에서는 불신앙 때문에 예수님께서 더 이상 사역하실 수 없었습니다(막 6:5,6). 하나님으로부터 받기 위해서는 믿음을 지배하는 하나님의 영적 법칙과 협력해야 합니다.

말씀이 말하는 대로 행하십시오! 기도할 때, 당신의 문제가 하나님의 돌보심을 받았다는 것을 감사하고 찬양하십시오. 그런 다음 당신의 권세를 행사하여 문제에게 직접 말하십시오. 그렇게 하지 않으면 당신이 바라는 결과를 얻지 못할 것입니다. 당신의 마음에 들든 안 들든, 이것이 원리입니다!

당신이 할 일은 법칙들을 발견하고 그것에 협력하는 것입니다.

그 중에 마음에 드는 것을 골라 선택하여 순종하거나 자기만의 방법을 만드는 게 아닙니다! 나무를 써서 전선을 만드는 게 더 싸고 더 쉽다고 생각할지 모르지만 그것은 구리선만큼 전기를 전달하지 못할 게 뻔합니다. 당신이 목재를 더 좋아한다고 해도 그것은 중요하지 않습니다. 당신에게 필요한 것은 무엇이 전기를 잘 전달하는지 발견하여 그 흐름을 따르는 것입니다. 하나님의 능력이 어떻게 역사하는지 그것에 대해 하나님의 말씀이 말하는 바를 배우고 그 다음에는 그것에 협력하십시오!

하나님은 즉시 응답하신다

> 그러므로 내가 너희에게 말하노니 무엇이든지 기도하고 구하는 것은 받은 줄로 믿으라 그리하면 너희에게 그대로 되리라
> 마가복음 11:24

당신이 기도할 때 받은 줄로 믿으십시오. 그러면 그 기도한 것을 받게 될(미래시제) 것입니다. 당신이 기도하자마자 하나님의 응답을 받았다는 것을 믿으십시오. 그러면 그것이 눈에 보이게 나타나는 것을 보게 될(미래시제) 것입니다.

대부분의 사람들은 기도하면 어떤 일이 일어나는지 전혀 모릅니다! 그들은 기도하고, 구하고, 그 다음에는 수동적으로 기다립니

다. 뭔가가 – 어떤 일이든지 – 풀리면 그들은 이렇게 생각합니다. "하나님께서 나의 기도에 응답하신 게 틀림없어." 만일 그들이 구한 것이 이루어지지 않으면, 그때는 "하나님께서 '안 된다'고 말씀하신 게 틀림없어."라고 생각합니다. 그건 사실이 아닙니다!

기도를 "아멘"으로 마치고 나서 "응답되었다"라고 말하기까지 얼마나 걸릴지에 대해 당신이 가지고 있는 권세는 생각보다 큽니다. 응답은 1초 만에 받을 수도 있고 한 시간, 하루 또는 그 이상 걸릴 수도 있습니다. 그러나 당신이 기도하고 믿는 바로 그 순간 하나님은 움직이셨고 그분의 능력을 풀어놓으셨습니다. 그 무화과나무의 경우처럼 즉시 이루어졌습니다! 내적 또는 외적 방해물과 상관없이 하나님의 능력을 정확하게만 사용한다면 즉시 응답이 됩니다.

문제에게 직접 말을 하십시오. 하나님은 앞으로 이루실 치유에 대해 필요한 모든 것을 이미 다 이루어 놓으셨습니다. 병든 사람을 위해 기도하고서 뭔가가 일어나기를 수동적으로 기다리지 마십시오. 주도권을 취하여 치유가 나타나도록 하십시오!

"그것은 불가능해!"라고 생각하실지도 모릅니다. 아닙니다. 당신은 할 수 있습니다! 이런 식의 기도로 우리는 좋은 결과를 많이 보고 있습니다. 당신의 치유가 언제 나타나느냐 하는 것은 당신에게 달려 있습니다!

기본이 되는 법칙은 하나님께서 즉시 응답하신다는 것입니다. 응답이 즉시 나타나든, 그렇지 않든 기도한 순간 받은 줄로 믿으십시오. 당신의 산에게 직접 명령할 때 중요한 영적인 법칙과 협력하여 빠르게 응답 받으시길 바랍니다.

제 17 장

다시 그를 쏘아라!

제가 가르치는 내용을 듣고 많은 사람들이 의아하게 여기면서 고심을 합니다. "어떻게 그렇게 믿을 수 있어요? 지금 내 몸에 통증이 있고 치유받았다는 아무런 신체적 증거도 없는데 내가 나았음을 믿으라고 하시는 거예요?" 또 이렇게 반응하는 사람들도 있습니다. "아, 알았다! 실제로는 낫지 않았지만 나은 것처럼 행동하라는 말씀이군요. 그러면 그렇게 될 거라는 말이지요?" 아닙니다. 그건 제가 가르치는 바가 아닙니다. 어떤 것이 실재가 아닌데도 실재임을 믿으려고 노력함으로 그것이 실재가 된다는 "마인드 컨트롤"을 말하는 것이 아닙니다. 자연적 영역 그 너머를 바라보라고 도전하는 것입니다.

하나님은 영이십니다(요 4:24). 하나님은 영의 영역에서 움직이십니다. 당신이 치유를 구할 경우 하나님께서는 당신이 치유에 대해 그분을 믿는 바로 그 순간, 당신의 영 안에 영적인 형태로 치유를 주십니다. 신약의 믿는 자로서 당신 안에는 예수 그리스도를 죽은 자 가운데서 살리신 그 동일한 힘과 기름부음과 능력이 있습니다(롬 8:11). 당신이 믿는 그 순간, 하나님께서 그 능력을 당신의 영에 풀어놓으십니다. 그러므로 당신은 분명히 받은 것입니다. 당신이 기도한 바로 그 순간, 하나님께서는 당신의 기적을 위해 그분이 하실 일을 다 하셨습니다. 하나님께서 명령을 하셨고 그분의 능력을 풀어놓으셨으니 그것은 완성된 일입니다!

"하지만 나는 내 몸에 치유가 필요한 데요!" 믿음은 영적인 영역에서 물리적인 영역으로 가는 다리입니다. 믿음이 영에서 일어난 일을 자연적인 영역으로 전달되게 합니다. 믿음은 바라는 것들의 실상을 가져다주며 보이지 않는 것의 증거 – 만져서 알 수 있는 물리적인 증거물 – 를 줍니다(히 11:1). 어떤 것이 보이지 않는 영역에 있다고 해서 그것이 존재하지 않는다는 뜻은 아닙니다!

만일 물리적인 세계 – 당신이 볼 수 있고, 들을 수 있고, 만질 수 있고, 맛볼 수 있고, 냄새 맡을 수 있는 것 – 만이 존재하는 유일한 실재의 영역이라 생각한다면 당신은 이렇게 따질 것입니다. "내 몸에 통증이 있어요. 그래서 당신이 하는 말은 소용이 없습니다! 아직 통증이 있고 두드러기가 그대로 있으며 종양이 있는데 하나님께서 나를 치유하셨다고 고백한다면 나는 거짓말쟁이가 되는 거죠. 당신도 무엇이든 원하는 것을 '선포하고 취하라'고 주장하는 그런 사람들과 같은 부류군요." 그러나 실제로 영적인 영역이 존재합니다. 그리고 실제로 영적인 당신이 존재합니다!

그것을 이끌어내라!

사실 영적 세계가 모든 것의 근원입니다(골 1:16, 히 11:3). 그것이 눈에 보이는 모든 것을 창조했고 이 물리적 세계가 사라진 후에도 여전히 존재할 것입니다(고후 4:18). 당신의 오감으로 감지할 수 있는 것을 초월하여 존재하는 것들이 있다고 인정하는 것이 잘못된 것이 아닙니다. 지금 당신이 있는 곳에도 라디오와 텔레비전의 신호가 있습니다. 당신은 그것을 볼 수 없지만, 분명히 있습니다. 수신기의 도움을 받으면 그것을 입증할 수 있습니다. "내가 볼 수 없고 만질 수 없기 때문에 그것은 여기에 없는 거야!"라고 생각한다면 그것은 당신이 똑똑하지 못하다는 뜻입니다. 분명 그것은 거기에 있지만 당신이 모르고 있을 뿐입니다.

당신이 있는 바로 그곳에 영적인 실재들 – 천사, 귀신, 성령님 – 이 있습니다! 당신 안에도 – 당신의 영에 – 실재가 있지만 당신의 오감을 통해서 접촉될 수 없을 뿐입니다. 당신은 하나님의 말씀을 믿어야만 합니다. 하나님의 말씀은 "당신이 기도한 순간 받는다"고 말합니다. 만일 당신이 진짜 그렇게 됐는지 확인하기 위해 몸으로 느끼려하거나 거울을 들여다보려고 한다면 당신은 그것을 놓치게 될 것입니다. 당신의 치유는 영적인 세계에서 옵니다. 그것은 어떻게 초자연적인 세계에서 자연적인 세계로 오게 되는 것일까요? 누군가의 믿음을 통해서 옵니다!

다음과 같이 믿음으로 선언하십시오. "내가 눈으로 볼 수 없어도 내가 기도할 때 바로 지금 응답을 받는다고 믿으면 그게 나타날 것이라는(미래시제) 하나님의 말씀을 나는 압니다(막 11:24). 그래서 나는 하나님께서 그렇게 하셨다고 믿습니다. 영의 영역에서 엄청난 활동과 능력이 풀어져 나옵니다. 하나님의 힘은 바로 지금 나를 통하여 흐르고 있습니다. 나는 아직 그것을 보지 못했지만 존재하고 있다는 것을 압니다." 그 다음에는 이 법칙을 가동시킴으로써 당신의 응답이 나타나게 하십시오. 문제에게 직접 말을 하고 그것이 역사하도록 명령하십시오.

제 아내 제이미가 발을 다쳤을 때, 우리는 그녀가 의자에 부딪치기 오래 전에 하나님께서 이미 그녀의 치유를 공급해 놓으셨다는 것을 믿었습니다. 우리는 그것이 이미 성취된 것으로 인하여 하나님을 찬양하였습니다. "아버지, 주께서 그것을 이루어 놓으셨음을 감사드립니다. 바로 지금 그것은 우리의 것입니다!" 아내의 발은 여전히 심해보였습니다. 그래서 제가 그 발을 향해 명령했습니다. "발아, 내가 예수의 이름으로 네게 말하노라." 저는 아내가 이미 그녀의 영에서 받아들인 치유를 이끌어내고 있었던 것입니다.

그것은 마치 목이 말라 우물가에 서 있는 것과 같습니다. 당신에게 필요한 모든 물은 이미 거기 우물 아래에 있습니다. 하지만 당신이 어떻게 물통을 집어넣어 물을 길어내는지 그 방법을 알지 못한다면 당신은 목이 말라 죽을 수도 있습니다. 당신 안의 영적인 우물, 그 안에 이미 존재하는 하나님의 초자연적인 능력을 길어내기 위해 당신이 할 수 있는 것들이 있습니다!

나무에게 직접 말하기

당신의 말을 사용하여 사망 대신 생명을 말하십시오(잠 18:21). 당신의 문제에게 직접 구체적으로 말하십시오(막 11:23). 예수님께서도 친히 그 무화과나무에게 대답하셨습니다(막 11:14). 만일 당신의 통장이 언제나 적자라면 그것에게 직접 말을 하십시오! 당신이 그것을 집어들 때마다 통장이 "하나님의 말씀은 역사하지 않아! 통장에 돈이 넉넉하지 않아!"라고 당신에게 말을 한다면 바로 그것을 향해 이렇게 말하십시오. "내가 예수의 이름으로 명하노니 이 모든 적자는 떠나고 그 대신 흑자가 될지어다!" 당신은 당신의 지갑과 당신이 투자하는 것들에게도 직접 말을 해야 합니다.

저는 집에 있는 나무들에게도 직접 말합니다. 우리는 비가 매우 적은 기후에 살고 있지만 우리 집의 토지는 숲과 같습니다. 저는 하나님이 산에서 어떻게 물이 흐르도록 하시는지에 대한 성경말씀을 낭독합니다. 저는 해충들을 볼 때마다 저주하고 나무를 축복합니다. 우리 땅의 경계선 너머에는 죽은 나무들이 늘어서 있는데 우리 쪽은 전부 멀쩡해 보입니다. 사람들은 참 이상하다고 생각하지만 말씀이 역사한 것입니다!

하나님께서는 오래 전 제가 가난했던 시절, 나무에게 직접 말씀을 선포하도록 가르쳐 주셨습니다. 아내와 제가 재정적으로 힘들게 살아가고 있을 때 저의 어머니께서 저희를 도와주신 적이 있었습니다. 어머니께서 우리가 재정적인 어려움이 있다는 것을 알고 그러셨는지 모르고 그러셨는지는 확실치 않지만 이따금 어머니께서 우리를 식사에 초대해 주셨는데 그것은 우리가 1-2주 동안 먹었던 유일한 끼니였습니다. 어머니께 뭐가 필요하다고 말씀 드린 적이 한 번도 없었지만 어머니는 우리가 방문할 때마다 우리를 잘 먹여주셨습니다. 그래서 저는 어머니 집의 잔디를 깎아드림으로 보답을 하곤 했습니다.

어머니 집에는 스물세 그루의 피칸 나무들이 있었습니다. 아버지가 살아 계셨을 때는 거름도 주고 물도 뿌려 주고 해서 잘 키웠습니다. 그때 피칸 나무들은 해마다 300~400 파운드의 열매를 생산했습니다. 아버지가 돌아가신 후 우리는 나무들을 그냥 방치했습니다. 마침내 어느 해에는 도롱이벌레들이 들끓어 피칸의 전체 생산량이 겨우 50 파운드에 불과하였습니다!

그 이듬해에는 제가 풀을 벨 때마다 그 나무들을 축복했습니다. 잔디 깎는 기계를 들고 나무 주위를 걸어 다니면서 한 손을 나무에 대고 이렇게 말했습니다. "도롱이벌레들아, 내가 예수의 이름으로 너희들을 저주하고 너희들에게 명하노니 죽을지어다. 나무야, 너는 복을 받았어. 내가 네게 명하노니 열매를 맺어 생산할지어다!" 그 해에 우리는 피칸을 500 파운드 이상 수확하였습니다!

하나님 나라는 어떻게 역사하는가

당신의 몸에게 직접 말을 하십시오. 그러면 몸이 당신에게 반응을 할 것입니다! 과학자들은 우리의 뇌 일부가 음성으로 작동한다는 것을 발견하였습니다. "피곤해"라고 하면 당신의 뇌가 그것을 듣고 당신의 몸에게 쉴 준비를 하라고 지시한다는 것을 밝혀냈습니다. 당신이 "피곤해"라고 말할 때는 더 피곤해지는 것입니다. 만일 당신이 "아, 기분 좋아!"라고 하면 뇌가 몸 전체에 엔돌핀을 보내서 활력을 주기 시작합니다. 하나님께서 계속 말씀해 오신 것을 과학이 이제야 발견하고 있는 것입니다!

당신의 몸은 통증을 죽이는 능력이 있습니다. 진통제는 사실 통증을 완화시키지 못합니다. 진통제가 하는 일은 당신의 몸이 엔돌핀을 내도록 자극을 할 뿐입니다. 통증을 완화시키는 것은 바로 그 엔돌핀입니다. 최근에는 뇌에서 엔돌핀을 내는 부분에 전기 충격을 가하는 기술까지 생겨서 만성적 통증 환자들이 이용을 하고 있습니다. 그것은 모르핀보다 열 배로 통증을 없애줍니다! 스포츠 선수들에게 불었던 이 "제2의 바람"은 바로 통증과 피곤을 몰아내는 엔돌핀이었던 것입니다.

당신의 말을 사용하여 통증이 떠나도록 명령하십시오! 당신의 몸에게 선포하면 몸이 회복됩니다. 저는 치통에게 명하여 떠나게 하고 제 시력이 좋아지라고 명합니다. 오랫동안 그렇게 해왔습니다. 한번은 손에 두드러기가 나 고생하던 친구를 위해 기도했는데 두 손에 돋아난 모든 두드러기가 떠났습니다. 그냥 자동적으로 약이나 먹어야겠다는 생각을 하지 마시고 당신의 몸에게 선포하십시오!

이것이 하나님의 나라가 역사하는 법칙입니다! 우리가 그것을 너무 어렵게 만들어 버렸습니다. 우리는 불신으로 이렇게 기도합니다. "오 하나님, 저에게 이런 필요가 있습니다. 만일 하나님께서 저를 사랑하신다면 어떻게 좀 해주십시오!" 아무 일도 일어나지 않으면 우리는 하나님께 쓴 뿌리를 갖게 되고 "왜 하나님께서는 아무 일도 안 해주시는 겁니까?"하고 의심합니다. 하나님께서 당신에게 능력을 주셨지만 당신은 그것을 쓸 줄을 모르고 있습니다. 병든 자를 고치고 문둥병자를 깨끗케 하고 죽은 자를 살리는 기름부음이 이미 당신 안에 있습니다. 만일 당신의 삶에서 그것이 나타나지 않고 있다면 망가진 것은 하나님의 송신기가 아니라 스위치를 켜고 조정을 해야 할 당신의 수신기입니다. 말씀 속으로 들어가서 말씀을 사용하여 당신의 산에게 선포하십시오!

믿음은 식별이 된다

다시 정리해서 말씀드리면 저는 무엇을 달라고 요구하는 기도에 많은 시간을 보내지 않습니다. 제 기도 시간의 90%는 하나님을 사랑하는 것으로 보냅니다. 제 마음이 주님께 있기 때문에 주님은 저를 완전한 평강으로 지키십니다(사 26:3). 우리 건물 계약이 실패로 돌아간다는 나쁜 소식을 들었지만 저에게 그것은 별것 아니었습니다. 저는 전능하신 하나님과 교제를 하고 있었으니까요! 건물이 중요하긴 했지만 저는 그것이 영원하지 않다는 것을 알았습니다. 게다가 그날 저에게는 염려하는 것보다 중요한 일들이 더 많았습니다. 그래서 저는 잠자리에 들었습니다. 그것에 대해 기도도 하지 않았습니다. 그러나 상황은 스스로 잘 풀려서 마무리가 아주 잘 되었습니다.

하나님을 사랑하고 하나님을 경배하는 일이 최고 우선순위가 될 때 당신은 뭘 달라고 기도하는 데에 많은 시간을 쓸 필요가 없다는 것을 알게 될 것입니다. 그러나 정말로 중요한 것을 놓고 기도할 필요가 있을 때는 먼저 하나님을 찬양하고 감사하며 높이십시오. 이렇게 말하십시오. "아버지, 제게 이 문제가 생기기도 전에 이미 주님께서 그것을 해결해 주신 것으로 인해 감사드립니다. 주께서 채찍에 맞음으로 제가 고침 받은 것에 대해 감사드립니다." 골로새서 2장 7절은 믿음에 굳게 서서 감사함을 넘치게 하라고 말합니다. 하나님의 말씀이 말하는 바가 이미 영에서 이루어졌으니 당신이 더 이상 두려워하거나 염려하지 않는다는 확신이 들 때까지, 또 믿음이 속에서 활성화될 때까지 계속 하나님을 찬양하고 감사하십시오.

믿음은 식별이 됩니다. 저는 저에게 믿음이 있는지 감지가 됩니다. 1976년, 처음으로 다음과 같이 선포했었습니다. "저는 믿음으로 기능하고 있음을 압니다. 저는 죽은 자를 살릴 수 있습니다!" 제 마음에서 그것을 알았습니다. 제가 항상 그 영역에서 행하는 것은 아니라 할지라도 저는 어떻게 거기에 도달하는지를 압니다. 저는 제 믿음이 활성화될 때까지 하나님을 찬양하고 감사하며 높여드립니다.

만일 당신이 여전히 두려움 가운데 있다면 그것이 무엇이든 아직은 그것을 놓고 기도하지 마십시오. 총에 장전도 안 되고 목표물이 정해지지 않은 채로는 방아쇠를 잡아당기지 못하는 것처럼 당신이 믿음 가운데 서 있다는 것을 알기 전에는 기도를 해서는 안 됩니다! 하나님을 가까이 하고 두려움을 처리하십시오. 하나님의 놀라운 사랑이 그 모든 두려움을 몰아낼 때까지 그 사랑으로 인하여 하나님을 찬양하십시오(요일 4:18). 일단 두려움을 제거하고 당신이 믿음 가운데 있다는 것을 알았으면, 돌아와서 그 상황을 놓고 기도하기 위해 당신이 해야 할 바를 하십시오. 하지만 두려움 가운데서는 말을 하지 마십시오!

또한 희망 하나만 가지고 말을 하지는 마십시오. 바라거나 노력하는 것은 믿음이 아닙니다. 당신이 바라고 소망하는 바에 대한 실상을 주기 위해 믿음이 실제가 되어 그 현장에 있어야 합니다.

일단 저의 믿음이 활성화된 것을 알고 그것이 영의 영역에서 이미 이루어진 것을 참으로 믿게 되면, 저는 그 믿음을 취하여 무슨 필요든지 그것을 향해 선포합니다. 저의 몸에게, 저의 재정에게 또 마귀에게 직접 선포합니다. 그런 다음 저는 원수를 잠잠케 하기 위해 찬양을 사용합니다. 하나님께서 저에게 보여주신 모든 것을 참고로 하여 결과를 볼 때까지 마귀와 부정적인 상황을 계속 저주합니다. 이런 식으로 계속 기도하는 것은 불신앙이 아닙니다. 제가 요구한 바로 그 순간 하나님께서 그대로 해주셨다고 믿습니다. 제가 기도했을 때 하나님의 응답을 이미 받았지만 그것이 계속 영적 영역에 남아 있도록 하지는 않습니다. 그것은 물리적인 세계에서 필요한 것이기 때문에 저는 그것이 물리적인 세계에 나타나게 합니다!

나타날 때까지 계속 기도하라!

누군가에게 치유 사역을 할 때 저는 그들을 위해 두 번, 세 번, 계속 기도합니다. 몇 번 기도하든 저는 상관치 않습니다! 하지만 다시 하나님께로 돌아가 이렇게 말하지는 않습니다. "아버지, 첫 번째는 역사하지 않았어요. 이제는 제발 역사하게 해주세요!" 아닙니다! 저는 하나님이 신실하시기 때문에 치유가 일어났다고 믿습니다. 하나님께서 주셨는데 우리의 수신기에 뭔가 문제가 생긴 것입니다. 그러기에 저는 계속 작업을 하는 것입니다. 만일 마귀가 성령님께 조금이라도 저항한다면 저는 다시 마귀를 향해 총을 쏠 것입니다! 예수님께서 벳새다의 눈먼 자에게 하신 것처럼 (막 8:22-26) 저는 응답이 나타날 때까지 기도합니다!

하나님은 신실하셔서 내가 필요한 것들이 내 손에 들어오기 전에 이미 필요를 채워놓으셨다는 태도를 가져야 합니다. 하나님의 공급은 항상 당신의 필요보다 더 크다는 것을 깨달을 때 담대함과 확신과 믿음이 마음에서부터 일어날 것입니다!

때때로 저는 저 자신의 유익을 위해서 뿐 아니라 다른 사람의 유익을 위해서도 똑같이 기도합니다. 저는 보통 준비가 되어 있지만 제가 기도해 주는 대상은 그렇지 않을 수도 있습니다. 최근 한 에이즈 여성 환자를 위해 기도했는데 그녀와 대화하는 가운데 그녀에게 아직도 두려움이 있다는 것을 알았습니다. 그래서 저는 이렇게 기도하기 시작했습니다. "아버지, 아버지께서 모든 이름보다 더 높으시니 감사합니다. 에이즈에는 이름이 있습니다. 에이즈야, 너는 예수의 이름 앞에 무릎을 꿇을지어다!" 바로 그때 저는 그녀의 믿음이 활성화된 것을 감지했습니다. 그래서 저는 계속 말했습니다. "에이즈야, 너는 패배자야! 너에게는 아무 능력도 아무 힘도 없고 어떤 지배권도 없다!" 이런 식으로 하면 저의 믿음과 저의 기도를 받는 사람의 믿음이 둘 다 강화됩니다. 그런 후에 그 상황을 향해 선포하고 하나님의 능력을 풀어놓음으로써 저는 수천 번이나 즉석에서 치유가 나타나는 것을 목도하였습니다!

또 한 여성은 부어오른 두 발 때문에 치유 기도를 받았습니다. 한 발은 정상으로 돌아왔지만 다른 발은 아직 부어오른 그대로였습니다. 이렇게 의심하는 사람도 있을 것입니다. "왜 하나님께서 두 발 다 치유하시지 않나?" 하나님은 양쪽 다 치유하셨습니다! 다만 그녀가 두 발 중 하나에만 치유를 받았던 것입니다. 그 다음에는 어떻게 합니까? 다른 쪽에 치유가 나타날 때까지 계속 기도하십시오. 만일 당신이 마귀를 1인치 움직일 수 있다면, 1마일도 움직일 수 있는 것입니다. 한 번에 1인치씩 하면 됩니다!

당신의 결과는 향상될 것이다

사람들은 하나님께서 신비스런 방법으로 치유하신다고 생각합니다. 하나님이 원하시면 그들이 치유를 받는다고 생각합니다. 만일 지연되거나, 어떤 문제가 생기거나, 어떤 것을 향해 선포하고 꾸짖는 믿음에 서야 하는 상황이 생기면 그들은 의심을 합니다. "왜 역사가 안 일어났지?"

하나님께서 사용하시는 우리는 불완전한 사람들입니다. 만일 우리가 불신앙으로 충만하지만 않다면 더 크고 더 빠른 역사를 볼 것입니다! 여가를 즐긴답시고 막장 드라마를 보며 살인, 간음, 동성애에 마음을 뺏기고 (나쁜) 뉴스에 귀를 기울이고 살면서 하나님의 일이 일어나는 것을 본다는 것은 기적입니다!

예수님께서는 당신이나 저 같은 불완전한 그릇을 사용하셔야 하기 때문에 그분의 능력이 원하는 만큼 빨리 나타나지 않는 것입니다. 사람마다 각각 다른 모양의 불신앙이 있으며 아직도 처리되지 않은 문제들이 있습니다. 하지만 그것 때문에 방해받지는 마십시오! 자주 사용하다 보면 하나님의 능력을 전달하는 당신의 전도성傳導性도 증가합니다. 두어 번 시도해보고 당신이 바라는 결과를 얻지 못했다고 해서 포기하지는 마십시오. 예수님조차도 그분의 고향에서 사람들의 불신앙 때문에 제한을 받으셨습니다(마 13:58). 그러니 계속 하십시오!

지금까지 말씀드린 것들을 이해하고 믿고 실천한다면, 당신의 결과는 크게 향상될 것입니다!

제 18 장

구하고 받으라

> 내가 또 너희에게 이르노니 구하라 그러면 너희에게 주실 것이요 찾으라 그러면 찾아낼 것이요 문을 두드리라 그러면 너희에게 열릴 것이니
>
> 누가복음 11:9

만일 우리가 누가복음 11장 9절을 그대로 믿는다면 만사가 잘 돌아갈 것입니다! 그렇지만 그렇지 못한 사람들이 많습니다. 왜일까요? 하나님께 뭔가 구했지만 이루어지지 않았던 경험이 있었기 때문입니다. 부정적인 경험으로 인해서 이렇게 생각합니다. '그렇게 단순하고 간단할 리가 없지!'

오늘날 "기독교"의 많은 부분이 왜 하나님의 약속들이 이루어지지 않는가에 대한 변명들로 가득합니다. 그것은 종교입니다! 왜 당신이 실패자인지, 왜 낙심하여 병들었고 가난한지에 대한 변명입니다. 아주 잘못되었습니다!

우리는 왜 하나님의 말씀이 모든 사람에게 항상 역사하지 않는

가에 대한 변명을 늘어놓습니다. "아, 네… 당신이 구하면 분명히 받아요. 그러나 때로 하나님의 대답은 '안 된다'에요. 모든 사람이 받는 것은 아니에요!" 성령 세례를 예로 들어보겠습니다. 오늘날 성령 세례의 존재를 인정하는 사람들 가운데서도 그것이 "모든 사람을 위한 것은 아니다"라고 치부해버리는 자들이 많습니다. 그들은 고린도전서 12장 30절에 "다 방언을 말하는 자이겠느냐?"를 잘못 이해해서 그렇습니다. 그들은 이 구절이 교회 예배 중에 한 사람이 일어나 방언을 말하는 공적인 은사를 거론하고 있음을 모릅니다. 모든 사람이 다 그 특정 은사를 가진 것은 아니나 성령 세례를 받은 모든 거듭난 신자는 방언을 말할 수 있고 또 해야 합니다!(이 주제에 관해 추가적인 정보를 원하시면 저의 책 「새로운 당신과 성령님」을 참고하십시오.)

제가 처음 사역에 나서기 시작했을 때 모든 교단들이 기적은 초대교회로 끝난 것이라고 믿었습니다. 오늘날 일어나고 있는 초자연적인 역사들에 대해 누가 가르치기라도 하면 그 사람은 "마귀에게 속한" 자가 되곤 했습니다. 그러나 은사주의 운동이 이 거짓된 억측을 논박하고 가면을 벗겨버렸기 때문에 오늘날 남아 있는 사람들은 불신앙을 고수하는 소수 강경파 비주류들뿐입니다. 오늘날에는 "그래요, 기적은 일어날 수 있어요. 하지만 모든 사람에게 일어나는 것은 아닙니다!"라는 것이 그리스도의 몸인 교회 안에서 주류를 이루는 사상입니다.

하나님은 항상 응답하신다

하나님의 말씀은 그와 정반대로 선언합니다!

구하는 이마다 받을 것이요 찾는 이는 찾아낼 것이요 두드리는 이에게는 열릴 것이니라   누가복음 11:10

당신이 누가복음 11장 9절을 말씀 그대로 믿고 구하면 당신은 받을 것입니다. 하나님께서는 '안 된다'라고 하지 않으십니다. 이것은 예전에만 역사하고 지금은 없어진 것이 아닙니다. 기도 응답은 "특별한 사람들"에게만 가능한 것이 아닙니다. 구하는 사람은 누구나 받습니다!

우리 모두는 기도하고 구했는데 이루어지지 않은 경험들이 있습니다. 저는 어렸을 때 많은 죽음을 경험했습니다. 부모님이 두 분 다 일을 하셨기 때문에 할머니께서 저를 길러주셨습니다. 할머니를 위해서 기도하였지만 제가 여덟 살 때 돌아가셨습니다. 열두 살 때 저는 아버지 치유를 위해서 6개월간 매일 기도하였습니다. 아버지가 위중하여 입원하긴 하셨지만 회복할 것이라고 믿었는데 돌아가셨습니다. 열여덟 살 때는 제 아내 제이미와 제가 아주 가깝게 지내던 친구가 죽었습니다. 저는 하나님께서 죽은 자들을 살리신다고 믿었기 때문에 죽은 자들을 위해 믿음에 굳게 서서 두 시간 동안 사람들과 함께 기도했지만 아무 일도 일어나지 않았습니다.

죽은 자를 위해 기도했지만 아무런 일이 일어나지 않은 경험을 네 번 하고나서 다섯 번째, 처음으로 죽은 사람이 살아났습니다! 당신도 그런 경험이 있을 것입니다.

대부분의 그리스도인들은 바로 이와 같은 경험들 때문에 누가복음 11장 9-10절 말씀이 정말로 저렇게 간단하다고 생각하지 않습니다. 또 대부분의 사람들에게는 삶에서의 경험이 하나님의 말씀보다 더 많은 비중을 차지하기 때문에 하나님 말씀을 믿지 않습니다. 그러나 제가 지금 말씀 드리고 있는 것의 요점을 이해하게 된다면 당신이 하나님과 관계하는 방법에 완전한 변화를 가져올 것입니다!

> 구하여도 받지 못함은 정욕으로 쓰려고 잘못 구하기 때문이라
>
> 야고보서 4:3

물론, 하나님의 말씀대로 구해야 합니다. 만일 어떤 것이 그리스도의 구속사역에 속한 것이 아니라면 하나님은 당신에게 그것을 공급해 놓지 않으신 것입니다. 그렇기 때문에 당신이 다른 사람의 배우자를 달라고 기도하면 주지 않으십니다. 음행, 간음, 일부다처는 예수님의 죽음과 장사됨과 부활을 통해 공급된 것이 아닙니다. 하나님은 생명이십니다! 하나님은 당신이 누구를 죽여달라고 기도하고 구한다고 해서 그렇게 하시지 않습니다. 주님은 그분의 구속사역 안에 모든 좋은 것들을 공급해놓으셨습니

다. 기쁨, 평안, 관계 회복, 치유, 부요 등, 이런 것들은 당신이 구해도 되는 것들입니다!

"하지만 저는 기도했는데 이루어지지 않았어요!" 만일 당신이 하나님의 말씀 안에 약속된 것을 구했다면 하나님께서 그것을 당신에게 주셨습니다. "아니에요, 안 주셨어요!" 어떻게 그걸 압니까? "보이지 않으니까요!" 저런!

받으셨나요?

문제는 바로 하나님께서 응답하셨냐 아니냐를 당신의 오감으로 지각할 수 있다고 생각하는 것입니다. 보고, 듣고, 느끼고, 맛보고, 냄새를 맡을 수 없다면 그것은 하나님께서 응답하시지 않은 "증거"라는 생각이 문제입니다. 이런 딜레마에 대한 해답은 영적인 영역의 존재를 어떻게 이해하느냐에 있습니다.

하나님은 영이십니다(요 4:24). 하나님께서 움직이실 때, 그분은 영적인 세계에서 움직이십니다. 당신이 어떤 것을 구한 바로 그 순간, 하나님께서 명하셨고 그것은 주어졌습니다. 그러나 그것이 영의 영역에서는 이루어진 일이라 할지라도, 그것이 물리적 영역에 나타날 것인가 하는 문제는 '하나님께서 당신의 기도에 응답하셨는가?'에 좌우되기보다는 '당신이 그것을 받는 방법을 아는가?'에 의해 좌우됩니다. 때로는 기도 응답에 다른 사람들도 관련되어 있기 때문에 이렇게 간단히 말할 수 있는 것은 아니지만, 하나님께서 이미 영의 영역에서 당신에게 주신 것을 자연적 영역에서 당신이 어떻게 받느냐의 문제입니다.

하나님은 그분의 말씀에 따른 모든 기도에 응답하십니다. 항상 응답받지 못하는 이유는 우리가 받는 방법을 모르기 때문입니다. 하나님께서 응답을 안 하셨기 때문이 아닙니다!

"그럼 제 잘못이라는 겁니까?" 네, 그렇습니다. 이렇게 말하면 제게 마음이 상해 이렇게 생각하는 사람들이 있습니다. "당신은 나를 정죄하고 있어요!" 아닙니다. 그렇지 않습니다. 다만 누군가가 응답을 받지 못하고 있다면 그건 하나님 때문이 아니라는 것을 알려 드리는 것뿐입니다!

하나님은 언제나 신실하시다는 것을 아는 것이 저에게는 축복입니다! 하나님은 이 사람은 치유하고 저 사람은 병들게 내버려두고, 이 사람은 잘 되게 하고 저 사람은 무시해 버리고, 이 사람에게는 기쁨을 주고 저 사람에게는 주지 않는 그런 분이 아니십니다. "하나님은 저 사람에게는 복을 주고 이 사람은 불행하게 만들기 원하신다"라는 생각은 사실이 아닙니다. 하나님은 그런 분이 아닙니다! 결론은 아주 간단합니다! 주님께서는 그분의 성실하심 가운데 우리 모든 각 사람을 위해 완벽한 계획을 가지고 계시며 그 안에는 건강, 부요, 기쁨, 축복, 평안, 행복이 다 들어 있습니다. 모두가 다 그것을 받고 있지 않는 것뿐입니다. 하나님께서 신실하지 않아서가 아니라 모든 사람이 받는 방법을 다 아는 것은 아니기 때문입니다.

제 19 장

변수

하나님은 언제나 기도 응답에 신실하시다는 것을 다니엘의 사례가 분명하게 설명해줍니다. 다니엘 9장에서 그는 이스라엘 자손들이 70년간 포로생활을 할 것이라는 예레미야의 예언에 대해 주님께 기도하며 물었습니다(단 9:1-3, 렘 25:11-12). 이미 70년 이상의 기간이 지나갔는데 마치 하나님의 약속이 이루어지지 않은 것처럼 보였던 것입니다.

요즘과 마찬가지로 당시 신학자들도 그것을 설명해보려고 애를 썼던 것 같습니다. "이것 때문인가 아니면 저것 때문인가? 또 다른 이유가 있나?" 그러나 다니엘은 기도를 하면서 물었습니다. "주님, 이 예언이 무슨 뜻입니까? 이미 70년의 포로 기간이 지났는데요." 하나님께서 그의 기도에 응답하셔서 실제로는 포로 기간이 490년임을 그에게 알려주셨습니다(단 9:24). 하나님은 또한 오실 메시아에 관한 중요한 예언도 주셨습니다(단 9:25-27). 하나님 말씀 안에 있는 주요 계시를 다니엘에게 알려주신 것입니다.

내[다니엘]가 금식하며 베옷을 입고 재를 덮어쓰고 주 하나님께 기도하며 간구하기를 결심하고 내 하나님 여호와께 기도하며 자복하여 이르기를 크시고 두려워할 주 하나님 … 주여 들으소서 주여 용서하소서 주여 귀를 기울이시고 행하소서 지체하지 마옵소서 나의 하나님이여 주 자신을 위하여 하시옵소서 이는 주의 성과 주의 백성이 주의 이름으로 일컫는바 됨이니이다 다니엘 9:3,4,19

내가 이같이 말하여 기도하며 내 죄와 내 백성 이스라엘의 죄를 자복하고 내 하나님의 거룩한 산을 위하여 내 하나님 여호와 앞에 간구할 때 곧 내가 기도할 때에 이전에 환상 중에 본 그 사람 가브리엘[이는 천사를 말하며, 후에 사가랴와 마리아에게 나타나 말씀한 바로 그 천사임(눅 1:19,26-27)역자주]이 빨리 날아서 저녁 제사를 드릴 때 즈음에 내게 이르더니 내게 가르치며 내게 말하여 이르되 다니엘아 내가 이제 네게 지혜와 총명을 주려고 왔느니라 다니엘 9:20-22

3분

다니엘이 아직 기도하고 있는 동안 천사 가브리엘이 나타나 하나님의 응답을 그에게 알려주었습니다. 다니엘의 기도 전체를 읽는데 걸리는 시간을 재어보면 3분 이상 되지 않습니다. 그리고 주님은 그가 기도하고 있는 도중에 응답하셨습니다. 얼마나 효과 있는 기도입니까!

> 곧 네가 기도를 시작할 즈음에 명령이 내렸으므로 이제 네게 알리려 왔느니라 너는 크게 은총을 입은 자라 그런즉 너는 이 일을 생각하고 그 환상을 깨달을지니라   다니엘 9:23

하나님께서 응답하신 때에 관하여 천사가 말한 것에 주목해 보십시오. "네가 기도를 시작한 바로 그때에 하나님께서 명령을 하셨으므로 내가 너의 응답을 가지고 여기 왔느니라."

이렇게 주장하는 사람들이 많습니다. "하나님께는 시간이니, 공간이니, 거리니 하는 것들이 없다." 그러나 그 가정은 성경으로 입증이 될 수 없습니다. 그들의 생각은 이렇습니다. "하나님께서 치유하거나 부요를 주시거나 악한 세력에서 우리를 자유케 하시거나 기쁨을 주시기 원하시면 하나님은 그것을 명하기만 하면 되지요. 그러면 즉시 이루어집니다." 즉 그들이 믿는 바는 이것입니다. "만일 하나님께서 그것이 이루어지기를 원하신다면 그때 짠! 하고 이루어지는 것이다. 하나님께서 하고자 하시는 것을 하지 못하게 막거나 지체시킬 수 있는 것은 전혀 없다!" 이런 생각이 발전하여 결국은 우리가 눈으로 보지 못하면 하나님께서 아무 일도 하시지 않은 것이라는 잘못된 가정을 만들어낸 것입니다. 그러나 다니엘 9장은 하나님께서 말씀하시고 그것이 나타나기까지는 대략 3분 정도의 시간이 걸렸다는 것을 우리에게 알려줍니다.

왜 그랬는지 이유는 모르겠지만 하나님께서 움직이신 시간과 그것이 나타난 시간 사이에는 일정한 간격이 있었습니다. 아마도 가브리엘이 수억만 광년 멀리 떨어져 있었기에 그 먼 거리를 달려오는 데 3분이 걸렸지 않나 생각해봅니다. 어쩌면 그가 가방을 챙기거나 먼 길을 오기 전에 채비를 하느라고 그랬을지 모르지요. 그가 무엇을 하고 있었는지 누가 알겠습니까만, 하나님께서 명하신 것이 나타나기까지 3분이 걸렸던 것은 확실합니다.

영의 영역을 고려하라

3분이 그리 나쁜 것은 아닙니다! 당신이 대표기도를 인도하기 위해 자리에서 일어나 기도를 마치고 강대상에서 내려오는 데까지 걸리는 시간인 3분 정도는 감당할 수 있습니다. 그러나 3분이 아니라 3주가 걸린다면 어떻게 하겠습니까? 그럴 때 대부분 믿음을 잃어버리게 됩니다. 바로 응답이 없으면 이렇게 결론을 짓습니다. "내가 구했지만 하나님께서 응답하지 않으셨어!" 그것을 어떻게 아십니까? 주님께서 이미 당신의 응답을 명령하셨으며 그것이 영의 영역에서 물리적 영역으로 오고 있는 과정 가운데 있다는 것을 부인할 증거가 있습니까? 당신을 위해 영의 영역에서 일어나고 있는 모든 활동을 당신이 볼 수 있습니까?

사람들은 이것을 생각조차 하지 않습니다. 하나님께서는 하시고 싶다면 무슨 일이든지 즉시 하실 수 있는 분이라고 그냥 믿어 버립니다. 그러고는 만일 어떤 일이 즉시 나타나지 않으면 하나님께서 움직이지 않으셨다고 생각하는 것입니다. 이것은 사실상 우리 자신의 능력을 높이는 것에 지나지 않습니다.

당신이 영의 영역에서 일어나고 있는 모든 것을 감지할 수 있다고 생각한다면 자기 자신을 과도하게 높이고 있는 것입니다! 자연계에는 극히 작은 곤충과 공중에 떠도는 먼지 알갱이들이 있습니다. 신체적 감각으로 그것들을 지각할 수 없다 할지라도 그들이 존재하는 것을 당신은 알고 있습니다. 영적 세계에서도 당신이 납득하지 못하는 온갖 종류의 일들이 일어나고 있습니다. 당신이 기도했는데 응답을 즉시 보고, 듣고, 느끼고, 맛보고, 냄새 맡을 수 없다고 해서 아무런 일도 일어나지 않았다고 생각하는 것은 교만의 극치입니다. 세상에는 우리의 두뇌로 헤아릴 수 있는 것보다 더 많은 것이 존재합니다!

제가 저의 삶에서 경험한 이야기를 나눌 때 제가 보통 사람과는 다르다고 생각하기 쉬울 것입니다. "글쎄요, 목사님께서는 그렇겠죠. 아무래도 저보다는 목사님께 일이 더 잘 돌아가겠죠. 더구나 제 삶에서 부딪치는 문제들이 당신의 삶엔 없잖아요!" 만일 제가 예수님의 삶에서 실례를 들어 말한다면 당신은 그것 역시도 이런 말로 무시해버릴 겁니다. "하지만 그건 예수님이잖아요! 그 당시에 예수님은 그렇게 하실 수 있으셨지만 지금 이 시대의 저는 달라요." 예수님은 분명 하나님이셨지만 그분의 신성으로 활동하지 않으셨습니다. 예수님은 언약 아래의 한 인간으로서, 믿음으로 행하셨습니다. 제자들의 경우도 마찬가지입니다. 그들과 거듭난 신자인 당신 사이에는 사실상 아무런 차이도 없습니다. 다만 당신의 생각에서 차이가 있을 뿐이죠!

3주간

다니엘의 경우는 훌륭한 예입니다! 동일인이 두 번 기도하고 두 번 다 응답을 받았습니다. 차이가 있다면 9장에서 기적적인 만남이 있은 후에 그는 더 많은 믿음을 갖게 되었을 것입니다. 그의 믿음이 매우 고양되었기 때문에 그의 기도 응답은 더 빨라져야 마땅한데 오히려 반대로 더 나빠졌습니다! 이번에는 응답을 받는데 꼬박 3주가 걸렸습니다.

그때에 나 다니엘이 세 이레 동안을 슬퍼하며 세 이레가 차기까지 좋은 떡을 먹지 아니하며 고기와 포도주를 입에 대지 아니하며 또 기름을 바르지 아니하니라   다니엘 10:2-3

다니엘은 괴로워하면서 전적으로 하나님께만 집중했지만 응답을 받는 데에 전처럼 3분이 아닌 3주가 걸렸습니다.

당신에게도 그런 일이 일어난 적이 있었습니까? 전에는 기도한 것이 즉시 이루어졌는데, 그 다음에는 오랜 시간이 걸렸다면요? 왜 이전 기도는 3분 만에 응답을 주시고 다음 기도는 3주씩이나 걸리는 것입니까? 그 질문 자체가 잘못되었습니다. 하나님께서는 첫 번째 기도에는 3분 만에 응답하시고 두 번째 기도에는 3주가 걸리게 하지 않으셨기 때문입니다. 그분은 그 두 기도 모두 즉시 응답하셨습니다!

"네가 기도를 시작할 즈음에 명령이 내렸으므로"(단 9:23) "네가 깨달으려 하여 네 하나님 앞에 스스로 겸비하기로 결심하던 첫날부터 네 말이 응답 받았으므로"(단 10:12)

하나님은 두 기도 모두 즉시 응답하셨지만 처음에는 다니엘이 응답을 인지하기까지 3분이 걸렸고 두 번째는 3주가 걸렸던 것입니다. 누가복음 11장 9-10절은 말합니다. "구하라 그러면 받는다." 하나님은 그분의 말씀이 약속하신 모든 기도에 즉시 응답하십니다. 모든 믿는 자가 그 방법대로 기도한 모든 기도에 하나님께서는 응답을 하셨습니다. 하나님은 그러한 기도에 응답하시는 일에 실패해 본 적이 없으십니다!

그렇지만 영적인 세계에 일어나는 일들 가운데 응답이 얼마나 빨리 물리적 영역으로 나타나느냐를 결정하는 것들이 있습니다. 응답이 나타나는 것은 당신이 낙심하거나 우울해지거나 포기할 때 영향을 받습니다. 영적인 영역에서 엄청난 활동들이 진행되고 있을 수 있습니다. 물리적 영역에 나타나는 것을 볼 수 있는 시점이 가까워졌는데 포기하거나 그만두는 경우가 있습니다!

만일 다니엘이 10장에서 20일째 되는 날 그만두었더라면 어떻게 되었을까요? 성경은 분명히 말하기를 하나님께서 이미 말씀하셨고 응답이 오고 있다고 했습니다. 만일 다니엘이 이렇게 말했더라면 어떻게 되었을까요? "이것 봐, 지난번에는 겨우 3분밖에 안 걸렸는데 이번에는 내일이면 3주가 된다고. 포기할래!" 설령 이 모든 일들이 영의 영역에서 이미 일어나고 있었다 하더라도 그의 응답은 나타나지 않았을 것입니다. 하나님의 말씀은 우리 안에서 역사하시는 능력에 따라 좌우된다고 말합니다(엡 3:20). 인간적인 관점으로 말한다면 마치 하나님께서 다니엘의 두 번째 기도에 응답하지 않으신 것처럼 보였을 것입니다.

마귀의 방해

그런데 바사 왕국의 군주가 이십일 일 동안 나[메신저인 천사]를 막았으므로 내가 거기 바사 왕국의 왕들과 함께 머물러 있더니 가장 높은 군주 중 하나인 미가엘이 와서 나를 도와주므로
다니엘 10:13

하나님의 사자인 천사가 다니엘에게 어떤 방해가 있었는지 말해줍니다. 마귀의 방해였습니다. 유다서 9절과 계시록 12장 7절에서는 "미가엘"을 천사장이라고 알려줍니다. 다니엘이 기도한 첫날부터 어떤 방해를 받았는지 주목해 보십시오. 하나님께서 즉시 응답을 하셨지만 그 천사가 다니엘의 응답을 가지고 마귀의 방해를 돌파하려면 미가엘의 도움이 필요하였습니다.

우리는 마귀의 방해가 있는 세상에 살고 있다는 것을 이해하지 못하는 사람들이 많습니다. 그들은 생각하기를, 만일 하나님께서 어떤 일이 이루어지기를 원하신다면 그냥 그것을 하실 수 있다고 말합니다. 하나님은 마귀보다 더 크시지만, 육신을 입은 사람이 마귀와 협력해서 원수 마귀에게 그렇게 하도록 권세를 위임하면 사탄이 하나님을 방해할 수도 있습니다. 하나님의 뜻이라고 해서, 또는 당신이 기도를 했다고 해서 일이 자동적으로 일어나는 것은 아닙니다!

전에 제가 병원에 있는 병자들을 다 낫게 하여 그 병원을 텅 비게 하려고 했었는데 온갖 종류의 반대에 직면했었습니다. 저는 치유라면 아주 흥분이 되어서 이렇게 생각합니다. "이거야말로 신나는 일이다. 모든 사람이 치유를 받는 것이 하나님의 뜻이니까!" 그것이 사실이고 또한 제가 믿음에 서 있었지만 아픈 사람들이 받아들이지 않았습니다.

치유받는 것이 하나님의 뜻이라고 제가 말하자 휠체어에 앉아 있던 한 사람이 실제로 저를 쫓아내려고 일어나려다가 바닥으로

굴러 떨어졌습니다. 화가 난 그는 저에게 계속 고함을 질렀습니다. "하나님이 나를 이렇게 만들었다구! 내가 병이 든 게 하나님의 뜻이란 말이야. 당신은 하나님을 모독하고 있는 거야!"

또 한 번은 한 남자가 병원에서 죽어가고 있었습니다. 친족들이 와 있었고 의사들이 열심히 진료하고 있었습니다. 가족 중 하나가 저를 불러 기도를 해달라고 했습니다. 거기 있는 동안 저는 의학 전문가들이 충격요법을 통해 한 번 그를 소생시키는 것을 지켜보았습니다. 제가 부드러운 소리로 그에게 말했습니다. "제가 기도해 드리겠습니다. 당신이 바로 지금 치유받는 것이 하나님의 뜻입니다."

그가 대답했습니다. "글쎄요, 하나님의 뜻일까요?"

"하나님의 뜻이에요! 당신은 건강해질 겁니다."

그러자 죽다 살아난 이 사람이 화를 내면서 저에게 고함을 질렀습니다. "아닙니다! 나를 치유하는 게 하나님의 뜻이라고 말하지 마세요!" 그는 침대에서 벌떡 일어나 몸을 일으키더니 계속 목청껏 소리를 질렀습니다. "하나님이 나를 죽일 거예요!" 의사들은 제가 "당신이 건강해지는 것이 하나님의 뜻입니다."라고 말했다는 이유로 저를 병원 밖으로 내동댕이쳤습니다. 그 후, 그는 죽었습니다. 그가 고침받는 것이 하나님의 뜻이었지만 그의 불신앙이 치유를 막았던 것입니다.

그들의 선택

가족의 치유를 위해 오래 기도해 오던 한 여성이 치유의 나타남이 없자 애를 먹으면서 혼란스러워했습니다. 자기가 뭘 잘못했는지 그녀가 묻기에, 제가 아무 잘못이 없었을 것이라고 말해주었습니다. 문제는 기도 받는 사람이 진정으로 마음속에 어떻게 믿고 있었는가 하는 것입니다. 어떤 사람이 치유를 받을 만한 믿음이 있는 것처럼 보이고 말을 그렇게 한다고 해서 정말 그런 것은 아닙니다.

저의 사역을 도왔던 던 크로우Don Krow와 저는 여러 달 동안 거의 매일 어떤 사람의 집에 심방을 갔었습니다. 우리는 계속해서 그에게 치유 사역을 했습니다. 어느 날 그는 너무도 몸이 약하여 전화기도 겨우 들 정도였습니다. 제가 그에게 전화로 말하는 동안 그의 아내가 그의 귀에 수화기를 갖다대주지 않으면 안 되었습니다. "제가 거기에 도착할 때까지 당신은 죽으면 안 돼요!" 던과 제가 거기 가서 그를 위해 기도를 시작했습니다. 이후 그는 아주 호전되어 일어나서 걷기도 하고, 식사도 하고, 운전도 하고, 얼마간 꽤나 잘 지냈습니다.

그러다가 그가 낙심을 하게 되었습니다. 다른 사람들에게 그런 뜻을 내비치지는 않았지만 어느 날 제가 그와 함께 있을 때 주님께서 제 마음에 말씀하셨습니다. "그는 포기했다. 그는 천국에서 나와 함께 있겠다고 지금 막 결심을 했다." 이 사람은 나이가 많아서 애를 먹고 있었습니다. 그가 그때 죽는 것이 하나님의 최선은 아니었지만 그렇다고 죄도 아니었습니다.

제가 그의 아내에게 말했습니다. "주님께서 저에게 말씀하시기를 당신의 남편이 포기하고 천국으로 가기로 결심했다고 하셨습니다. 그가 건강을 회복하는 것이 하나님의 뜻임을 저는 믿습니다만, 그게 무슨 말인지 아시겠지요? 만일 그가 천국으로 가고 싶어 한다면 그것에는 잘못된 게 전혀 없습니다. 당신에게는 선택권이 있습니다. 당신이 남편의 뜻에 반하여 그가 회복될 것이라고 계속 믿을 수도 있고 – 이것은 역사하지 않을 것입니다 – 아니면 남은 날을 함께 즐길 수도 있습니다. 남은 날을 엉망으로 만들 수도 있고 아니면 그가 어디로 가는지 알고 그가 가는 길에 그를 사랑하면서 하나님을 찬양할 수도 있습니다."

그녀는 화를 내면서 저를 비난하고 질책했습니다. "당신은 믿음에 서 있지 않군요!"

저는 아랑곳하지 않고 계속 그를 심방하고 그의 치유를 위해 기도하고 이런저런 시늉을 했지만 제 마음속으로는 하나님께서 말씀하신 것을 알고 있었습니다. 그리고 그는 죽었습니다. 그의 장례식 때 사람들이 물었습니다. "왜 역사가 일어나지 않았지? 정말로 이해가 안 되네!"

그가 죽은 후에 그의 아내가 남편의 일기를 발견하였습니다. 제가 그녀에게 말했던 바로 그날, 그는 일기에 이렇게 썼습니다. "나는 천국에 가기로 방금 결심을 했다. 하지만 내 주위의 사람들이 실망하지 않도록 나는 계속 믿음이 있는 것처럼 행동할 것이다." 그는 시늉만 하고 있었는데 사람들은 "왜 죽었지?" 하면서 별소리를 다 했던 것입니다.

하나님은 언제나 변함이 없으시다!

다른 사람의 마음속에서 어떤 일이 일어나고 있는지 우리는 알지 못합니다. "내가 믿고 기도했지만 하나님께서 응답을 안 하셨어요. 만일 고치는 게 정말로 하나님의 뜻이었다면 그 사람이 나았을 것입니다!"라고 하는 것은 당신이 가지고 있지 않은 지식과 능력을 주장하는 것입니다. 사람들의 마음속에 정말로 어떤 일이 일어나고 있는지 다 알지는 못합니다.

그렇지만 하나님은 언제나 변함이 없으십니다! 하나님은 그분의 말씀 - 우리 모든 삶의 근거가 되는 - 에 따라 이렇게 선언하십니다. "그가 채찍에 맞음으로 우리는 나음을 얻었느니라." (벧전 2:24) 하나님께서는 모든 사람이 질병에서 고침 받도록 해놓으셨습니다. 그것이 성경이 가르치는 바입니다. 당신은 말씀이 말하는 대로 행동해야 합니다!

변수는 하나님이 아닙니다. 마귀가 변수입니다! 하나님께서 다니엘의 두 번의 기도에 모두 즉시 응답을 하셨지만 사탄이 방해하여 두 번째에는 응답이 나타나지 못하게 지연시켰습니다.

마귀는 전혀 실수하지 않고 항상 성공한다고 그릇되게 믿는 사람들이 많습니다. 그들은 마귀에게는 절대 실수가 없다고 생각합니다! 인정하지 않을지 모르지만 사실은 그렇게 믿고 있습니다. 사람들은 종종 저에게 말하기를 그들이 아는 한 모든 것을 다 했는데 아직도 하나님께서 그들을 위해 일을 이루어주실 것인지 확신이 서지 않는다고 합니다. 그러나 그들이 조금이라도 잘못을 하게 되면 사탄이 매번 그들을 공격하리라는 것에 대해서는 조금도 의심하지 않습니다. 이런 그리스도인들은 하나님을 믿기보다는 마귀를 더 많이 믿는 것입니다!

사탄이 자주 실수한다는 것을 당신은 아셔야 합니다. 마귀는 왜 다니엘 9장에서 다니엘의 첫 번째 기도에 대항하지 않았을까요? 기도 방해하는 일을 놓쳤던 것입니다!

차이가 있는 이유는 마귀 때문이다!

귀신은 재생산을 하지 못하기 때문에 "아기 귀신"이란 없습니다. 새로운 귀신들이 생기지 않습니다. 옛날 아담과 하와 시절에는 한 사람에게 할당된 악한 영들이 많았을지도 모릅니다. 그러나 그 이후로 인구수가 늘어 한 사람에게 할당된 악한 영의 수는 아주 미비합니다.

그러므로 모든 사람에게 마귀가 할당된 것은 아닙니다! 개인마다 할당된 마귀가 있다고 많은 사람들이 믿지만 마귀가 매일 모든 사람에게 말을 할 수는 없습니다. 그는 일손이 모자랍니다! 사탄은 그가 괴롭힐 자를 골라서 선택을 해야 합니다. 육식동물이 짐승 떼 가운데서 먹이를 찾는 것처럼 마귀는 약한 자 또는 무리에서 떨어져 따로 있는 자들을 선택합니다. 악한 영들을 우리에게로 끌어오는 것들이 있긴 하지만 매일 우리를 공격하는 마귀를 모든 사람이 하나씩 가지고 있지는 않습니다!

다니엘이 첫 번째 기도를 할 때도 마귀는 하나님의 나라에 대항하여 최선을 다하느라 바빴을 것입니다. 그리고 아마도 다니엘의 기도가 성공할 가망이 없다고 생각했을지 모릅니다. 그래서 9장에서는 다니엘의 기도를 그냥 내버려두었습니다. 그러나 그 어마어마한 응답과 계시가 나온 후에 사탄은 다니엘이 다른 어떤 기도도 성공하지 못하도록 강한 마귀의 세력을 임명한 것입니다.

옛 언약 아래에서 기도한 방식과 새 언약 아래에서 기도하는 방법에는 커다란 차이가 있습니다. 구약의 사람들은 스스로 기도를 성공시켜야 했지만 그리스도를 믿는 신약의 우리는 어떻습니까? 하나님께서 이미 우리 안에 살아계십니다. 그러나 제가 여러분에게 알려드리고 싶은 원리는 마귀가 다니엘의 기도를 방해하기 위해 한 마귀를 임명했다는 점입니다. 이것으로 인해 3분과 3주간의 차이가 생겼습니다. 하나님이 변수가 아닙니다. 변수는 사탄입니다!

제 20 장

방해물을 제거하라

대부분의 그리스도인들은 기도를 했는데 즉시 응답을 받지 못하면 하나님을 의심하고 이렇게 우는 소리를 합니다. "주님, 뭐하고 계시는 겁니까? 왜 저의 기도에 응답을 안 해주십니까?" 이런 사람들은 마귀가 그것을 방해한다거나 혹은 응답이 나타나기까지는 얼마간 시간이 걸린다는 것을 생각하지 못하고 있는 것입니다!

"하나님은 무엇이든 즉시 할 수 있으시다"는 이 거짓된 사상은 모든 종류의 불신앙에 거대한 진입로 역할을 합니다. 주님께서 이 세상을 만드셨을 때 시간과 공간을 두셨습니다. 어떤 일들이 일어나는 데는 시간이 걸린다는 것과 마귀들이 당신의 응답을 방해할 수 있다는 것을 기억하면, 기도한 후 응답이 즉시 나타나지 않을 때 도움이 될 것입니다. 곧바로 하나님을 의심할 게 아니라 당신 자신이나 마귀를 의심해야 합니다. 하나님의 능력이 나타나는 것을 방해하거나 지연시킬 수 있는 요소들은 굉장히 많습니다.

제 친구 중 하나는 저의 이 가르침을 15년 이상 들었습니다. 그 당시 그는 집을 팔려고 2년 이상 애를 쓰고 있었습니다. 그는 부동산 중개 수수료를 지불하고 싶지 않았기 때문에 그의 집 앞뜰에 주인이 직접 매매하는 집이라는 팻말을 세웠습니다. 그 2년 동안 거의 매일 그는 성실하게 기도했습니다. "하나님, 간구하오니 이 집을 팔게 해주세요." 그러나 집을 보러 오는 사람이 거의 없었고, 따라서 아무 일도 일어나지 않았습니다. 그러다가 그가 저의 이 메시지를 듣고 그것을 자신의 상황에 적용하였습니다. 그러자 주께서 그에게 말씀하셨습니다. "밥Bob, 네가 그 팻말을 너의 마당에 세운 바로 그날 내가 누군가에게 너의 집을 사도록 일렀다. 내가 너의 집을 팔려고 움직였으나 그것을 막는 마귀의 방해가 있구나."

대부분의 사람들은 "하나님, 제 집을 좀 팔아주세요."라고 기도합니다. 그러다가 팔리지 않으면 이렇게 의심을 합니다. "주님, 왜 안 팔아주시는 거죠?" 하나님이 당신 집을 사실 일은 없지 않습니까? 그분은 누군가를 보내서 집을 사게 하셔야 합니다. 당신의 기도 응답이 나타나는 데에는 다른 사람들이 관여된다는 것을 깨달아야 합니다.

하나님은 사람들을 통하여 공급을 보내신다

당신이 하나님께 돈을 구하면 하나님은 사람들을 통해서 돈을 보내주십니다!

주라. 그리하면 너희에게 줄 것이니 곧 후히 되어 누르고 함께 흔들고 넘치게 하여 사람들이 너희 품에 안겨 주리라.

누가복음 6:38, 킹제임스 흠정역

하나님은 사람들을 통해 당신이 요구한 공급을 보내주십니다. 하나님께는 미국 달러가 없습니다. 그리고 하나님은 누구의 돈을 사기치거나 훔쳐 오지도 않으십니다. 하나님은 돈을 위조하여 당신의 지갑 속에 찔러 넣어주지 않으십니다. 하나님은 사람들에게 말씀하시고 그들을 통해 당신의 필요를 채우십니다. 그렇기 때문에 사탄이 당신의 재정을 방해하기 위해 해야 할 일이란 사람들을 방해하는 것뿐입니다.

최근 주님께서는 우리 단체가 텔레비전 방송 사역을 확장하고 새 빌딩을 매입하도록 인도하셨습니다. 저는 하나님께서 사람들을 통해 공급하신다는 것을 이해하기에 우리의 재정적 필요가 증가하는 것에 마음을 활짝 열어놓았습니다. 이것으로 인해 저는 여러 사람들로부터 엄청난 질책을 받았습니다. "당신이 믿음의 사람이라면 사람들에게 뭘 달라고 요청할 필요가 없을 겁니다. 하나님께서 직접 돌보실 테니까요!" 그들은 어떤 필요가 생기면 하나님께서 초자연적으로 채우신다는 개념을 가진 사람들입니다.

한 사람은 조지 뮬러George Mueller를 예로 들었습니다. 조지 뮬러는 영국에서 큰 고아원을 운영하면서 전 세계의 많은 선교사들을 후원하였습니다. 그는 하나님의 공급하심을 믿는 분으로 유명하였습니다. 뮬러는 아이들에게 줄 음식이 없다는 것을 알면서도 수백 명의 아이들과 함께 식탁에 앉아 식사 기도를 하곤 했습니다! 바로 그때 트럭이 한 대 들어와서 온갖 종류의 먹을 것을 내려놓곤 하였습니다. 저에게 뮬러의 예를 들며 편지를 보낸 사람은 이렇게 썼습니다. "조지 뮬러는 어느 누구에게도 자신의 필요를 말한 적이 한 번도 없었습니다. 오직 하나님 외에는! 만일 당신이 필요한 것을 사람들에게 말한다면 당신은 믿음의 사람이 아닙니다!"

그런 일들이 있었던 것은 사실이지만 이 사람이 몰랐던 사실이 하나 있습니다. 조지 뮬러가 월간으로 발행하던 뉴스레터가 있었는데 그 안에는 그들에게 현재 필요한 모든 물품의 목록이 자세하게 기록되어 있었습니다. 그가 믿음으로 먹을 것을 위해 기도했을 때 마침 그 뉴스레터를 읽은 누군가가 기부할 물품을 가지고 도착했을 것입니다. 물론 그것은 초자연적인 일이며 하나님은 사람들을 사용하십니다!

방해를 꺾어라

우리 단체의 재정은 1980년대 후반, 유명한 텔레비전 부흥사 두 분이 문제를 일으켰을 때 방해를 받았습니다. 저는 아직 텔레비전 사역을 시작하지 않았을 때였고 라디오로 전국에 하나님의 말씀을 전하고 있었습니다. 왜 그 사람들이 문제를 일으켰는데 우리의 수입이 수만 달러나 줄었을까요? 하나님께서는 우리의 필요를 공급하기 위해 사람들을 사용하셔야 하니까요.

우리는 넘어진 두 사역자 중 어느 쪽과도 아무 관계가 없었지만 사람들이 방송 설교를 하는 사역자들에 대한 신뢰를 잃어버린 것입니다. 두려움과 의심과 비판이 쏟아졌고 사람들은 방송 설교 사역자들에 대한 헌금을 중단하였습니다. 저도 그것 때문에 잠시 어려움을 겪었지만 그것은 제 불신앙 때문이 아니었습니다. 사탄이 다른 사람들이 느끼는 두려움과 불신을 통하여 우리의 재정을 방해했던 것입니다. 저는 하나님께 분노하며 이렇게 요구하지 않았습니다. "왜 하나님께서 저의 후원금을 감소시키셨습니까?" 감소시킨 것은 주님이 아니었습니다. 마귀가 사람들을 방해했던 것입니다!

사람들은 여름 휴가철에 후원하는 것을 가볍게 생각하는 경우가 많습니다. 평소에는 하나님께 드리는 헌금을 그때는 휴가 경비로 사용합니다. 우리 단체도 그것으로 인해 어려움을 겪지만 저는 하나님께 화내지 않습니다. 하나님은 사람들을 사용하셔야 하니까요.

하나님께 자기 집을 팔게 해달라고 오랫동안 간구해오던 제 친구는 회개를 하면서 이렇게 기도했습니다. "아버지, 제 집을 시장에 내놓은 바로 그날, 주님께서 누군가에게 그것을 사도록 말씀해

주심에 감사를 드립니다. 주님께서 응답하시지 않은 게 아니라 사탄이 방해를 했습니다." 그런 다음 그는 마귀를 결박했습니다. 제 친구는 원수 마귀가 어떤 짓을 하는지 몰랐기 때문에 그 상황을 놓고 방언으로 기도하고 하나님께서 잘 돌보아주실 것을 믿었습니다.

이틀 후에 한 남자가 현찰을 손에 들고 와서 그의 집을 샀습니다. 그들이 계약을 마무리할 때, 그 사람이 제 친구에게 말했습니다. "당신이 2년 전에 팻말을 집 뜰에 세운 바로 그 날, 제가 아내에게 말했습니다. '저건 우리 집이야!' 그때부터 저는 돈을 준비하려고 애를 썼습니다." 그는 그리스도인이 아니었음에도 이렇게 말했습니다. "정말 초자연적인 일이 일어났습니다! 저의 집을 사고 싶어 했던 사람이 먼저 그의 집을 팔아야 했는데 그는 2년 동안 방해를 받고 있었습니다. 그런데 신기한 일이 벌어졌습니다. 이틀 전에 그가 돈을 가지고 저에게 와서 우리는 계약을 끝냈습니다. 그래서 지금 제가 이 집을 사게 된 것입니다!"

사탄이 다른 사람을 통해서 제 친구의 응답을 방해하고 있었던 것입니다. 하나님께서 마귀의 방해를 꺾으셨습니다. 그리고 제 친구가 기도를 바꾸자 응답이 나타났습니다. 매일 주님께 그의 집을 팔아달라고 간구하면서 그 다음에는 왜 하나님이 아직도 해결해 주시지 않는지 의심하는 대신 제 친구는 이렇게 기도하기 시작했습니다. "아버지, 주님께서 제 기도에 응답하신 줄 믿습니다. 주님께서 이미 말씀하셨으나 원수 마귀가 얼마간 방해를 하고 있었음에 틀림없습니다. 어떻게 기도해야 할지 주님의 지혜를 알려주십시오!" 얼마나 차이가 큽니까!

시간을 단축하라

구약 성도인 다니엘은 마귀를 대적할 권세가 없었습니다. 그래서 그는 "바사 왕국의 군주"라 불리는 귀신을 꾸짖을 수 없었습니다(단 10:13). 설령 다니엘이 9장과 10장 사이의 문제가 귀신이라는 것을 알았다 하더라도 그 문제를 해결할 수 없었을 것입니다. 그러나 새 언약의 믿는 자들인 우리는 마귀를 다스릴 권세가 있습니다(눅 9:1).

하나님은 항상 기도에 즉시 응답하십니다. 이 원리를 이해하고 나면, 당신의 기도 응답이 지연될 때 그것은 당신의 믿음이 흔들리거나 아니면 마귀가 방해를 하거나, 혹은 그 두 가지 모두에 원인이 있다는 것을 알게 될 것입니다.

> 그러므로 내가 너희에게 말하노니 무엇이든지 기도하고 구하는 것은 받은 줄로 믿으라 그리하면 너희에게 그대로 되리라[미래시제]　　　　　　　　　　마가복음 11:24

또 당신이 알아야 할 것은 어떤 것들은 얼마간 시간이 걸려야 나타난다는 점입니다. 치유는 즉시 일어날 수 있지만 사역은 전자레인지로 요리하듯 할 수는 없습니다! 사역은 당신의 성숙함과 성품에 달려 있습니다. 어떤 것들은 그것이 이루어지기 전에 성장하고 발전할 시간이 필요합니다. 그러나 하나님은 언제나 신실하셔서 모든 기도에 응답하십니다.

1976년에 저의 손목에 신경절낭종ganglion cyst이 있었습니다. 아프지는 않았지만 튀어나와 있어서 사람들이 볼까봐 시곗줄로 가렸습니다. 신축성 있는 시곗줄이긴 했어도 그 낭종이 결국 저의 시계 밑으로 불룩 튀어나올 정도로까지 자랐습니다. 매일 그것을 놓고 기도하고 "아버지, 저는 치유를 받았습니다."라고 한 후에 저는 보지 않으려고 그 손을 저의 등 뒤로 붙이곤 했습니다. 저는 그것이 믿음이라 생각하고 그 낭종을 무시하곤 했습니다. 제가 믿는 것과 반대되는 것이라면 어떤 것도 보고 싶지 않았습니다. "그거야말로 기도하고 나서 쳐다보고 '안 되잖아!'라고 말하는 것보다 훨씬 낫네요!" 그러나 더 나은 기도 방법이 있습니다.

그때 이후로 저는 문제를 똑바로 보고 이렇게 선포하는 것이 더 낫다는 것을 배우게 되었습니다. "나는 하나님의 말씀이 그렇게 말하기 때문에 하나님께서 이미 나의 기도에 응답하신 것을 압니다!" 만일 하나님의 응답이 나타나지 않는다면 주님께서 주지 않으신 것이 아니라 나 아니면 마귀, 또는 다른 것이 방해를 하고 있다는 것을 이제는 압니다. 저는 저의 영적 무기를 사용하여 "아멘"과 "이루어짐(나타남)" 사이의 시간을 단축시킵니다.

하나님께서 영의 영역에서 이미 당신에게 주셨다는 것을 당신이 마음으로 안다면 응답이 물리적 영역에 나타나도록 다니엘처럼 3주까지 기다릴 필요가 없습니다. 예수 그리스도를 믿는 자로서 당신의 권세를 가지고 마귀에게 떠나라고 명하십시오. 그것에 대해 하나님께 말하지 말고 문제에게 직접 말하십시오. 그 다음에는 하나님의 말씀대로 행하십시오. 그저 한가롭게 앉아 기다리지 마십시오. 뭔가를 하십시오!

당신에게 달려 있다!

자신의 치통에 대해 저에게 간증한 여성이 있었습니다. 그녀는 오랫동안 기도해오면서 이것저것 아는 대로 다 해보았습니다. 치아를 향해 선포한 후에 자신의 치유가 이미 이루어졌다는 것을 믿고 하나님을 찬양하고 감사하기 시작했습니다. 그녀가 주님께 지혜를 구했더니 주님께서 그녀에게 권세를 사용하여 이렇게 말하라고 하셨습니다. "사탄아, 예수의 이름으로 명하노니 나를 떠날지어다!" 그녀가 그 말을 하자마자 통증이 즉시 그리고 완전히 떠났습니다. 분명히 그녀의 치통은 그냥 물리적인 것이 아니었습니다. 그것은 영적이고 마귀적인 것이었습니다.

하나님은 당신의 기도에 항상 즉시 응답하십니다. 하지만 우리는 어떤 방해가 있는지 항상 즉시 알지는 못합니다. 때때로 그 방해를 돌파하는 방법을 발견하는 데는 얼마간 시간이 걸립니다. 지혜를 발휘하고 하나님께서 어떤 방향으로 인도하실 때까지 영으로 기도하십시오. 그런 다음 당신의 권세를 사용하여 그것을 처리하십시오. 이렇게 할 때 "아멘"과 "나타남" 사이의 시간을 단축시키게 됩니다. 당신의 기도 응답이 얼마나 신속히 나타나느냐 하는 것은 기본적으로 당신에게 달려 있습니다.

예수님께서 맹인을 위해 기도하실 때 바로 이 동일한 전략을 사용하셨습니다(막 8:22-26). 예수님은 그 사람을 마을 밖으로 데리고 나가서 안수하신 다음 무엇이 보이느냐고 물으셨습니다. "아니, 그건 불신앙 아냐!"라고 말하는 사람들도 있을 것입니다. 아닙니다. 예수님은 "치유가 일어났느냐?"라고 물으신 게 아니었습니다. 예수님은 하나님께서 치유하신 것을 아셨습니다. 예수님께서 우선 그 사람을 마을 밖으로 데리고 나가신 이유는 벳새다가 너무도 불신앙으로 가득 차 있었기 때문이었습니다.

예수님께서 말씀하셨습니다. "화 있을진저 벳새다야, 너희에게 행한 모든 권능을 두로와 시돈에서 행하였더라면 그들이 벌써 베옷을 입고 재에 앉아 회개하였으리라."(눅 10:13)

벳새다는 예수님께서 방문하신 도시 중에 가장 믿지 않는 도시였습니다. 예수님은 이 사람의 손을 잡고 마을 사람들의 불신앙으로부터 멀리 데리고 나가지 않으면 안 되었습니다.

예수님께서 그 사람을 마을 밖으로 데리고 나갔다 할지라도 그 사람으로부터 그 마을의 모든 불신앙을 다 몰아내지는 못했다는 것을 아셨습니다! 주님은 아직도 그 사람 안에 불신앙의 방해물이 있다는 것을 지각하셨습니다. 예수님은 그분의 아버지께서 능력을 풀어놓으셨다는 것을 아시고 기도하셨습니다. 그러므로 예수님은 "치유가 일어났느냐?"라고 물으신 게 아니라, "네가 이것을 받았느냐? 너는 아직도 문제를 가지고 있느냐?"라고 하신 것입니다. 주님은 물리적인 문제를 정면으로 대면하여 단호히 직시하셨습니다.

그 사람이 부분적인 치유만을 나타냈을 때 예수님께서 다시 그를 위해 기도하셨습니다. 그것 때문에 오늘날 대부분의 성경 대학에서 예수님까지도 몰아내려고 합니다. "어떤 것을 두 번씩 기도하는 것은 믿음이 아니다!"라는 이유에서입니다. 주님은 어떤 것을 두 번씩 기도하지 않으셨습니다. 주님은 첫 번째에 그것을 믿고 받으셨습니다. 두 번째에는 그분의 영적인 능력과 권세를 사용하셨습니다. 마귀가 한 방은 어떻게 해서 견뎌냈다 하더라도 두 번째 타격까지는 견디지 못했습니다! 그래서 예수님은 거듭 기도하신 것이고 그 사람은 밝히 보게 되었습니다.

우리 단체의 기도 사역자들도 이런 방법으로 집회에서 기도 사역을 합니다. 우리는 그저 하나님께 치유를 구한 다음 미소를 지으며, "평안히 가세요. 힘내시고 충만하세요!"라고 하지 않습니다. 아닙니다. 우리는 충분히 치유를 받았느냐고 묻습니다. "당신의 통증이 없어졌습니까? 몸을 움직일 수 있습니까?" 치유가 충분히 나타나지 않으면 우리는 권세를 행사하여 몸의 환부를 향해 선포하고 그 환부가 움직이도록 명령을 합니다. 비록 모든 사람이 다 치유받는 것을 보지는 못하지만 대부분의 사람들은 충분히 나타난 치유를 받습니다. 하나님께 영광을 돌립니다!

제 21 장

당신은 하나님으로부터 응답을 받을 수 있다!

> 그러므로 믿음은 들음에서 나며 들음은 그리스도의 말씀으로 말미암았느니라
> 로마서 10:17

예수님께서 구속사역 안에 공급해놓으신 치유와 자유함과 부요 등에 관한 하나님의 말씀을 들을 때 믿음이 강화되어 우리로 하여금 더 잘 받게 합니다. 일단 당신이 이미 그것을 받았다(영의 영역에서)는 것을 알게 되면 나타남(물리적 영역에서)은 신속히 옵니다. 어떤 것에 대한 지식과 이해가 말씀을 통해서 증가하면, 믿음을 풀어내어 그것이 더 신속히 나타나는 것을 볼 수 있습니다.

치유 사역을 할 때 알아야 할 것은 당신의 기도를 받는 그 사람이 치유를 받느냐 못 받느냐에 중대한 역할을 한다는 점입니다. 그들에 대해 당신이 책임을 질 수는 없지만 그 과정에서 적극적

인 역할을 할 수 있습니다. 예수님조차도 다른 사람의 불신앙을 무시할 수 없었습니다(막 6:5,6).

하나님은 신실하시다!

저는 집회에서 기도 받기 위해 줄 서 있는 분들에게 기도를 해 드렸습니다. 기도를 했지만 어떤 사람은 치유를 받지 못했고 그 다음 사람은 즉시 치유를 받습니다. 이어서 그 다음 사람에게로 가면 그들은 치유를 못 받으나 그 다음 사람은 치유를 받습니다. 같은 집회에서 제가 그처럼 일관성이 없겠습니까? 결코 그렇지 않습니다!

이전에 제가 줄 선 사람들 모두를 위해 기도를 했는데 열에 아홉은 치유를 받고 한 사람은 받지 못했습니다. 그 말은 치유 받지 못한 그 사람이 악하다거나 하나님을 사랑하지 않는다는 뜻이 아닙니다. 전심으로 하나님을 사랑하지만 믿음이 어떻게 역사하는지를 이해하지 못할 수 있습니다.

레오나르도 다빈치는 천재였습니다! 그는 날아다니는 헬리콥터를 수백 년 전에 디자인했습니다. 그는 머리가 뛰어났지만 전기에 대해서는 무지했습니다. 레오나르도가 지금 당신이 아는 것을 몰랐다고 해서 그가 바보가 되는 것은 아닙니다. 다만 그가 그 특정 사실을 알지 못했다는 뜻입니다.

믿음은 말씀을 알아야 역사합니다. 하나님께서는 이미 모든 사람을 치유하셨습니다. 당신이 믿고 구할 때, 그 능력은 즉시 풀어져 나옵니다. 만일 그것이 나타나는 것을 보지 못한다 해도 하나님께서 주시지 않았다는 뜻은 아닙니다. 당신이 아직 받지 못했든지 아니면 마귀의 방해가 그것의 나타남을 막고 있는 것입니다. 하나님은 신실하십니다! 그것을 믿고 절대로 그 진리에서 떠나지 마십시오!

만일 당신이 포기하고 다음과 같이 말한다면 하나님의 기적적인 능력을 일관성 있게 경험하지 못할 것입니다. "글쎄요, 예외가 있지요. 어쩌면 하나님께서 어떤 사람들은 뭔가를 가르치려고 병들게 하실지도 모를 일입니다. 아마도 하나님께서 어떤 사람들은 고난을 당하길 원하시나 보지요. 모르긴 해도 그들은 필시 못됐거나 금식도 안 하고 그랬을 것입니다." 하나님의 말씀은 절대적으로 진실입니다. 말씀은 이랬다저랬다 하거나 변하는 법이 없습니다. 하나님의 확고부동한 신실함에 대해 절대로 타협하지 마십시오. 만일 당신이 어떤 것이 이루어지는 것을 보지 못한다 해도 그것은 하나님의 잘못이 아닙니다. 바로 당신의 잘못입니다! 저는 당신을 비난하려는 게 아니라 당신을 축복하고 진리를 가르쳐 드리려는 것입니다. 만일 하나님의 신실함이 의문스럽다면 우리는 모두 소망이 없습니다!

"내 손가락이 보이니?"

저는 1976년에 텍사스 주 칠드레스Childress에서 동일한 이 말씀을 전하고 있었습니다. 우리는 치유 집회 광고를 이렇게 했습니다. "앞 못 보는 사람, 귀가 안 들리는 사람, 걷지 못하는 사람을 다 데려오세요!" 말씀을 전한 후에 제가 사람들을 초청하여 앞으로 나와서 기도를 받으라고 했습니다. 한쪽 눈이 안 보이는 열일곱 살 된 소년이 나왔습니다. 저는 그에게 손을 얹어 기도하고 그의 눈을 향해 보라고 명하였습니다. 그런 다음 그의 성한 눈을 가리고 안 좋은 눈으로 보라고 했습니다. 제가 물었습니다. "내 손가락이 보이니?" 제 손가락이 보이기는커녕, 그는 빛을 감지할 수도 없었습니다! 영 다른 쪽을 바라보고 있는 그 아이의 머리를 돌리고 "아냐, 이쪽을 봐야지."라고 말해야 했습니다. 즉시 사람들의 불신앙이 느껴졌습니다. 그들에게는 의미 있는 어떤 것을 보지 못하는 것이 하나님께서 치유하지 않았다는 뜻이었기 때문입니다.

그래서 저는 이렇게 말하면서 회중들을 돌아가게 했습니다. "여러분 가운데 이해가 안 되고 동의가 되지 않는 분들은 떠나주십시오. 그러나 여러분이 눈으로 보든 못 보든 하나님께서 치유하셨으며 또 치유를 나타내는 것은 우리에게 달려 있다는 것을 믿는 분들은 남아계십시오." 다들 떠나고 약 20명 정도가 남았습니다.

우리는 계속 그를 위해 기도하였습니다. 5분 정도 간격을 두고 제가 중지시키고서 물었습니다. "내 손이 보이니?" 그는 전혀 볼 수가 없었습니다!

저는 마음속으로 이렇게 말했습니다. "하나님, 당신의 말씀이 진리임을 저는 압니다. 저에게 지혜의 말씀을 주셔서 이 문제를 극복하고 이 사람들에게 주의 말씀의 진리를 증명할 수 있게 해주세요!" 저는 계속 기도하면서 물었습니다. "하나님, 문제가 무엇입니까?" 이런 생각이 제 마음에 떠올랐습니다. "그는 치유가 필요한 게 아니다. 그에게는 기적이 필요하다!" 주님께서 제게 그 말씀을 하셨을 때 저는 치유와 기적의 차이를 생각해 본 적이 없었습니다. 그래서 이것을 계속 묵상하며 방언으로 기도하는 가운데 이런저런 생각을 했습니다. "하나님, 무슨 뜻이죠? 그는 치유가 필요한 게 아니라 기적이 필요하다니요."

받은 기적이 나타남

제가 그 생각을 하고 있는 동안 같이 기도하던 던 크로우 목사님이 이렇게 발표하였습니다. "하나님께서 방금 저에게 말씀하시기를 그에게는 치유가 필요한 게 아니라고 하셨습니다. 그에게는 기적이 필요합니다!" 저는 생각했습니다. '이것은 하나님 말씀이 분명해!' 그래서 우리는 멈추고 제가 그 청년에게 물었습니다.

"눈에 무슨 일이 있었던 거니?"

그가 대답했습니다. "제가 아기였을 때 한쪽 눈이 감염되어서 렌즈와 망막 제거 수술을 받았어요. 저는 볼 수 있는 필수 기관이 없어요!"

제가 말했습니다. "너는 치유가 필요 없어. 너는 기적이 필요해!" 그런 다음 제 두 손을 컵 모양으로 그의 눈에 덮고 이렇게 선포했습니다. "렌즈와 망막아, 내가 예수의 이름으로 명하노니 지금 이 눈 안에 들어올지어다." 그런 다음 그의 성한 눈을 가리게 하고 제가 물었습니다. "내가 위로 세운 손가락이 몇 개니?" 그가 대답했습니다. "한 개요!" 그는 볼 수 있게 되었습니다!

이렇게 생각하는 사람들이 있습니다. '글쎄요, 목사님께서 그렇게 하실 때, 그때 하나님께서 역사하셨지요.' 아닙니다! 하나님께서는 2천 년 전에 그분의 아들 예수 그리스도의 죽음과 장사됨과 부활을 통해 이미 역사하셨습니다. 하나님은 30분 전 저의 기도에 즉시 응답하셨습니다. 그리고 하나님의 능력은 이미 역사하고 있었습니다. 다만 우리가 방향을 바르게 잡지 못하고 산에게 직접 선포하지 못했던 것입니다!

우리가 끈기 있게 기도하지 않았더라면 그 소년은 아직도 눈이 안 보이는 채 "하나님, 어떻게 된 겁니까?"라고 의심하고 있었을지도 모릅니다. 그의 불신앙이나 우리의 불신앙이나 피장파장이었지만 우리는 다만 그 자리에 계속 기도하기로 결심한 것입니다. 하나님으로부터 지식의 말씀을 받는 데 30분이 걸리긴 했지만 우리는 받았고 기적은 나타났습니다! 30분을 들일 가치가 충분하였습니다.

이런 태도를 취하라

사람들은 의사들이 몇 날, 며칠을 치료하고 수술을 하도록 수천 수백만 원의 비용을 지불합니다. 그런데 하나님께 치유를 구할 때는 기도 받고 일어서자마자 증거가 나타나지 않으면 하나님이 실패한 것입니까? 그건 정말 아니죠!

당신이 예수님은 아니지만 하나님께서 지금 사용하실 최고의 사람입니다! 당신의 끈기 있는 기도가 당신의 기도를 받는 사람이 기적을 받을 것인가 받지 못할 것인가를 결정할 수도 있습니다. 시간이 조금 걸릴 수도 있지만 다음과 같은 태도를 취하라고 격려해드리고 싶습니다. "만일 내가 마귀를 1인치만이라도 움직일 수 있다면, 1마일까지도 움직일 수 있다. 필요하다면 한 번에 1인치씩이라도 움직이게 하리라!"

당신도 하나님으로부터 응답을 받을 수 있습니다!

결론

　제가 서두에서 말한 대로 이 책은 '유일한 기도 방법'도 아니고 '이렇게 기도하지 않으면 다 틀린 것이다' 라는 얘기도 아닙니다. 본서는 더 좋은 기도 방법 '한 가지'에 대한 책입니다. 제가 틀렸다고 말한 모든 것을 저도 다 해보았으며, 그럼에도 저는 여전히 하나님을 사랑했고 하나님도 저를 사랑하셨습니다. 그러나 제가 이 책에서 가르친 방식으로 기도를 해온 이후 제가 얻은 응답들은 놀라운 진보를 보였습니다.

　당신이 제가 말씀드린 이 모든 가르침들을 취하여 기도가 무엇이며 어떻게 하면 더 효과적인 기도가 될 수 있는지 새롭게 이해할 수 있기를 기도합니다. 주님께서 이 진리들을 사용하셔서 당신의 삶에 하나님의 말씀을 효과 없게 만드는 종교적 전통들에서 빠져나오게 하실 줄 믿습니다. 당신은 영과 진리로 하나님을 아는 것이 가져다주는 자유와 기쁨을 경험하게 될 것입니다.

　당신이 응답을 받고 이 진리들이 당신을 자유케 할 때, 주님께서 당신에게 이것을 다른 사람들과 나눌 기회를 주셔서 그들 또한 더 좋은 기도 방법을 경험할 수 있게 되기를 기도합니다!

그리스도 안에서(밖으로 나오지 않을 예정),

앤드류 워맥

예수님을 구주로 영접하는 기도

예수 그리스도를 구세주로 영접하는 선택은 우리가 평생 내리는 결정 중에 가장 중요한 결정입니다!

하나님의 말씀은 이렇게 약속하고 있습니다. "네가 만일 네 입으로 예수를 주로 시인하며 또 하나님께서 그를 죽은 자 가운데서 살리신 것을 네 마음에 믿으면 구원을 받으리라 사람이 마음으로 믿어 의에 이르고 입으로 시인하여 구원에 이르느니라"(로마서 10:9-10) "누구든지 주의 이름을 부르는 자는 구원을 받으리라"(로마서 10:13)

하나님께서는 그분의 은혜로, 우리에게 구원을 주시기 위한 모든 일을 이미 다 마무리 해놓으셨습니다. 이제 우리의 할 일은 단지 믿고 받아들이는 것뿐입니다.

이렇게 소리 내어 기도하십시오. "예수님, 예수님이 나의 주님이시며 나의 구원자이심을 고백합니다. 나는 내 마음으로 하나님께서 예수님을 죽은 자 가운데서 살리신 것을 믿습니다. 하나님의 말씀을 믿음으로, 나는 지금 구원을 받습니다. 저를 구원해 주셔서 감사합니다."

예수 그리스도께 인생을 맡기는 바로 그 순간 그 말씀의 진리가 즉시 영 안으로 들어갑니다. 이제 당신은 거듭났으므로 완전히 새로운 사람이 된 것입니다.

새로운 삶을 얻게 된 것을 진심으로 축하하고 환영합니다!

성령세례를 받는 기도

당신을 사랑하시는 하늘 아버지께서는 하나님의 자녀가 된 당신에게 앞으로 새로운 삶을 사는 데 필요한 초자연적인 능력을 주고 싶어 하십니다.

> 구하는 이마다 받을 것이요 찾는 이는 찾아낼 것이요 두드리는 이에게는 열릴 것이니라 … 하물며 너희 하늘 아버지께서 구하는 자에게 성령을 주시지 않겠느냐 누가복음 11:10-13b

이제 할 일은 구하고, 믿고, 받는 것뿐입니다!

이렇게 기도하십시오. "아버지, 이 새로운 삶을 살기 위해서는 나에게 하나님의 능력이 필요함을 깨닫습니다. 저를 성령으로 채워 주세요. 이 순간, 나는 믿음으로 성령을 받습니다! 나에게 성령세례를 주시니 감사합니다! 성령님을 저의 삶에 초청합니다. 성령님을 환영합니다!"

축하합니다! 이제 당신은 하나님의 초자연적인 능력으로 충만해졌습니다!

무슨 말인지 모르는 언어가 마음속에서부터 입으로 솟아오를 것입니다(고전 14:14). 그것을 믿음으로 크게 말할 때 하나님의 능력이 안에서부터 흘러나와 당신을 영적으로 세워줄 것입니다(고전 14:4). 이제, 언제 어디서든지 원할 때마다 방언으로 기도할 수 있습니다.

주님을 영접하는 기도를 했을 때, 그리고 주님의 성령을 받기 위해 기도했을 때 무엇을 느꼈든 아니면 아무것도 느끼지 못했든 그것은 전혀 중요하지 않습니다. 받은 줄로 마음에 믿으면 받은 것이라고 하나님의 말씀이 약속합니다. **"그러므로 내가 너희에게 말하노니 무엇이든지 기도하고 구하는 것은 받은 줄로 믿으라 그리하면 너희에게 그대로 되리라"**(마가복음 11:24). 하나님은 언제나 그분의 말씀을 지키십니다. 그것을 믿으십시오!

믿음의말씀사 출판물

구입문의 : 031-8005-5483 http://faithbook.kr

■ 케네스 해긴의 「믿음 도서관」 책들
- 새로운 탄생
- 재정 분야의 순종
- 나는 지옥에 갔다 왔습니다
- 하나님의 처방약
- 더 좋은 언약
- 예수의 보배로운 피
- 하나님을 탓하지 마십시오
- 네 주장을 변론하라
- 셀 모임에서 성령인도 받기
- 안수
- 치유를 유지하는 법
- 사랑은 결코 실패하지 않습니다
- 하나님께서 내게 가르쳐 주신 형통의 계시
- 왜 능력 아래 쓰러지는가?
- 다가오는 회복
- 잊어버리는 법을 배우기
- 위대한 세 단어
- 하나님의 은사와 부르심
- 그 이름은 "놀라우신 분"
- 우리에게 속한 것을 알기
- 성령을 받는 성경적인 방법
- 하나님의 영광
- 은혜 안에서의 성장을 방해하는 다섯 가지
- 사랑 가운데 걷는 법
- 바울의 계시: 화해의 복음
- 당신은 당신이 말하는 것을 가질 수 있습니다
- 그리스도 안에서
- 말
- 방언기도의 능력을 풀어 놓으라
- 옳은 사고방식 틀린 사고방식
- 속량 - 가난, 질병, 영적 죽음에서 값 주고 되사다
- 네 염려를 주께 맡겨라
- 예언을 분별하는 일곱 단계
- 절망적인 상황을 반전시키기
- 당신의 믿음을 풀어 놓는 법
- 진짜 믿음
- 믿음이란 무엇인가
- 그리스도께서 지금 하고 계시는 일
- 충분하고도 넘치는 하나님 엘 샤다이
- 금식에 관한 상식
- 하나님의 말씀 : 모든 것을 고치는 치료제
- 가족을 섬기는 법
- 조에
- 당신이 알아야 하는 신유에 관한 일곱 가지 원리
- 여성에 관한 질문들
- 인간의 세 가지 본성
- 몸의 치유와 속죄
- 크게 성장하는 믿음
- 하나님 가족의 특권

- 기도의 기초
- 나는 환상을 믿습니다
- 병을 고치는 하나님의 말씀
- 영적 성장
- 신선한 기름부음
- 믿음이 흔들리고 패배한 것 같을 때 승리를 얻는 법
- 믿음의 선한 싸움을 싸우는 법
- 하나님의 계획과 목적과 추구
- 예수 열린 문
- 믿음의 계단
- 당신을 향한 하나님의 계획
- 역사하는 기도
- 기름부음의 이해
- 내주하시는 성령 임하시는 성령
- 재정적인 번영에 대한 성경적 열쇠들
- 어떻게 하나님의 영으로 인도받을 수 있는가?
- 마이더스 터치
- 치유의 기름부음
- 그리스도의 선물
- 방언
- 믿는 자의 권세(생애기념판)
- 믿음의 양식
- 승리하는 교회

■ E. W. 케년
- 십자가에서 보좌까지 무슨 일이 일어났는가?
- 두 가지 의
- 놀라우신 그 이름 예수
- 하나님 아버지와 그분의 가족
- 나의 신분증
- 두 가지 생명
- 새로운 종류의 사랑
- 그분의 임재 안에서
- 속량의 관점에서 본 성경
- 두 가지 지식
- 피의 언약
- 숨은 사람
- 두 가지 믿음
- 새로운 피조물의 실재

■ 스미스 위글스워스
- 스미스 위글스워스의 천국
- 스미스 위글스워스의 매일묵상
- 위글스워스는 이렇게 했다
- 스미스 위글스워스의 능력의 비밀

■ T. L. 오스본
- 행동하는 신자들
- 기적 - 하나님 사랑의 증거
- 새롭게 시작하는 기적 인생

- 좋은 인생
- 성경적인 치유
- 능력으로 역사하는 메시지
- 100개의 신유 진리
- 24 기도 원리 7 기도 우선순위
- 하나님의 큰 그림
- 긍정적 욕망의 힘
- 당신은 하나님의 최고의 작품입니다

■ 잔 오스틴
- 믿음의 말씀 고백기도집
- 하나님의 사랑의 흐름
- 견고한 진 무너뜨리기
- 초자연적인 흐름을 따르는 법
- 당신의 운명을 바꿀 수 있습니다
- 어떻게 하나님의 능력을 풀어놓을 수 있는가?

■ 크리스 오야킬로메
- 여기서 머물지 말라
- 이제 당신이 거듭났으니
- 당신의 인생을 재창조하라
- 이 마차에 함께 타라
- 그리스도 안에 있는 당신의 권리
- 성령님과 당신
- 성령님이 당신 안에서 행하실 일곱 가지
- 성령님이 당신을 위해 행하실 일곱 가지
- 기적을 받고 유지하는 법
- 하나님께서 당신을 방문하실 때
- 올바른 방식으로 기도하기
- 당신의 믿음을 역사하게 하는 법
- 끝없이 샘솟는 기쁨
- 기름과 겉옷
- 약속의 땅
- 하나님의 일곱 영
- 예언
- 시온의 문
- 하늘에서 온 치유
- 효과적으로 기도하는 법
- 어떤 질병도 없이
- 주제별 말씀의 실재
- 마음의 능력

■ 앤드류 워맥
- 당신은 이미 가졌습니다
- 은혜와 믿음의 균형 안에 사는 삶
- 하나님의 참 본성
- 하나님은 당신이 건강하기 원하십니다
- 영·혼·몸
- 전쟁은 끝났습니다
- 믿는 자의 권세
- 새로운 당신과 성령님
- 노력 없이 오는 변화
- 하나님의 충만함 안에 거하는 열쇠
- 더 좋은 기도 방법 한 가지
- 재정의 청지기 직분

- 하나님을 제한하지 마라
- 하나님의 뜻을 발견하고 따라가며 성취하라
- 하나님의 참 본성
- 하나님의 최선 안에 사는 법
- 더 큰 은혜 더 큰 은총
- 리더십의 10가지 핵심요소

■ 기타 「믿음의 말씀」 설교자들
- 성령의 삶 능력의 삶
- 복을 취하는 법
- 주는 자에게 복이 되는 선물
- 믿음으로 사는 삶
- 붉은 줄의 기적
- 당신이 말한 대로 얻게 됩니다
- 예수-치유의 길 건강의 능력
- 성령 안의 내 능력
- 존 G. 레이크의 치유
- 믿음과 고백
- 임재 중심 교회
- 성령충만한 그리스도인의 지침서
- 열정과 끈기
- 제자 만들기
- 어떻게 교회를 배가하는가
- 운명
- 모든 사람을 위한 치유
- 회복된 통치권
- 그렇지 않습니다
- 당신의 자녀를 리더로 훈련하라
- 오순절 운동을 일으킨 하나님의 바람
- 주일 예배를 넘어서
- 신약교회를 찾아서
- 내가 올 때까지
- 매일의 불씨
- 여성의 건강한 자아상

■ 김진호·최순애
- 왕과 제사장
- 새로운 피조물의 실재
- 믿음의 반석
- 새 언약의 기도
- 새로운 피조물 고백기도집(한글판/한영대조판)
- 성령 인도
- 복음의 신조
- 존중하는 삶
- 성경의 세 가지 접근
- 말씀 묵상과 고백
- 그리스도의 교리
- 영혼 구원
- 새로운 피조물
- 믿음의 말씀 운동의 뿌리
- 1인 기업가 마인드
- 내 양을 치라
- 새사람을 입으라